Linda Kamer / Daniel Brönnimann

Reise in eine andere Welt

Anleitung zur Erleuchtung
in einem Tag

Impressum

Copyright © 2017 Linda Kamer / Daniel Brönnimann

ICH BIN-Schule Bern
www.ichbin-schule.ch

Druck und Verlag: Books on Demand, Schweiz

Fotonachweis: Fotolia, Pixabay

ISBN-Nummer 978-3-743153-00-4

Inhalt

Vorwort 8
Der Weg der ewigen Liebe 15
Erschaffe deinen Wissensbaum 20
   Die Steinwesen und der Messias 30
Ein ganz normaler Tag... 33
   Durchlebte Erfahrungsthemen 38
Wissen - Verstehen - Integration   (Teil 1) 44
   Körper 46
   Gedanken 49
   Traum 51
   Sinn 54
   Bedeutung... 57
   Zeit 60
   Was wir daraus lernen können 62
   Worte der inneren Meditation............................... 64
Wissen - Verstehen - Integration   (Teil 2) 66
   Alter 68
   Krankheiten 70
   Gen / genetisch (DNA) 72
   Herz 74
   Was wir daraus lernen können............................... 76
   Worte der inneren Meditation............................... 78
Wissen - Verstehen - Integration   (Teil 3) 80
   Religion 82

Arm und Reich	84
Drogen	86
Wissen	88
Was wir daraus lernen können	90
Worte der inneren Meditation	94
Wissen - Verstehen - Integrieren (Teil 4)	96
Aufmerksamkeit	98
Geist	101
Geschichten	104
Erfahrungen	106
Frieden	108
Was wir daraus lernen können	110
Worte der inneren Meditation	112
Wissen - Verstehen - Integrieren (Teil 5)	114
Schmunzeln	116
Wut	118
Inneres Lächeln	121
Was wir daraus lernen können	123
Worte der inneren Meditation	125
Wissen - Verstehen - Integrieren (Teil 6)	127
Schlaf	129
Welt	131
Nach Hause kommen	135
Was wir daraus lernen können	137
Worte der inneren Meditation	139
Spirituelle Fallen	141

Erleuchtung durch Einleuchtung............................ 147
Das Rad der Zeit.. 149
Aktivierung der Gedankenleere 154
Wahrheit oder Ego 160
Karma 172
Alles hängt an deinen Wünschen........................... 175
Dein freier Wille geschehe… nicht........................ 180
Die grössten Stolpersteine...................................... 185
Die Stufen des ICH-Bewusstseins.......................... 191
Frieden und Zufriedenheit integrieren................... 196
Geschichte: Geheimnis der Zufriedenheit............. 200
Worte der inneren Meditation 202
Schlussgedanken 207

Vorwort

Jenseits von Formen lässt sich das Bewusstsein treiben. Da ist nichts, ausser tiefem Frieden. Keine Gedanken dringen ein oder werden erschaffen. Absolute Harmonie und ewigwährende Liebe und Zufriedenheit.

Jedem Menschen ist es möglich, diesen Zustand von Frieden in sich zu erfahren, wo nichts die innere Ruhe stören kann. Das Nichts in uns verweilt im Nichts und erfährt am Rande, was es bedeutet, eins zu sein mit einem kollektiven Bewusstsein, welches formlos, namenlos und ewig wirkt. Es fühlt sich an wie ein friedvoller Zustand in einem harmonischen Traum. Wer diese Harmonie nie erfahren hat, wird zu Lebzeiten kaum verstehen, wieso das Leben immer diesen Zustand suchen wird, aber im Aussen nie finden kann. Für die meisten ist die Welt der Sinne und der Formen die einzige Realität, die erfahren werden kann. Dass es eine innere Welt des Menschen oder etwas Übergeordnetes gibt, gehört für sie in den Bereich des Glaubens. Dieses Buch soll als »Reisebegleiter« dienen. Es versucht Fragen zu beantworten, Wissen aufzumischen, damit im Puzzle des Lebens nicht nur Einzelteile aufgezeigt, sondern sich zu einem Gesamtbild zusammenfügen. Es wird dich an und über Grenzen führen, die nur schwer akzeptiert werden können. Doch erinnere dich an ein wertvolles Zitat von Henry Ford, das besagt:

> **Wer immer nur das Gleiche macht,
> was er immer schon getan hat,
> wird immer nur das erfahren,
> was er schon erfahren hat.**

Linda und Daniel sind zwei individuelle, lebensfreudige Menschen. Denken und Handeln geschieht über zwei Körper, doch der Bewusstseinszustand schmilz mehr und mehr zu einem kollektiven Bewusstsein zusammen. Eine Kraft, welche als »Schutzgeist« erklärt werden kann, lenkt uns durch geistige Schulungen und kommuniziert auf medialer Ebene - oft durch beide gleichzeitig. Diese »Kommunikatoren« geben dem Raum (Dimensionen) und der Zeit keine Bedeutung. Bei der Übermittlung der Texte in diesem Buch wird die Leserschaft bewusst mit Zeitformen konfrontiert, welche nicht dem normalen Verständnis der Geradlinigkeit der Zeit entsprechen.

Beide verbindet eine gesunde Skepsis gegenüber allem, was erzählt und übermittelt wird. Natürlich könnten wir Erfahrungen und Wissen weitergeben, welches andere als Wahrheit erfahren haben. Da war aber von Anfang an eine »innere Stimme« (in uns), welche dieses Wissen kritisch beleuchtete, immer wieder Denkanstösse aussandte und uns fragte: Seid ihr euch auch sicher, dass es so ist? Da war aber auch ein gegenseitig wirkender Treiber oder eine »innere Stimme«, die immer wieder Denkanstösse ausgesendet hat und in uns fragte: Bist du dir da auch sicher, dass es wirklich so ist? Unzählige Wissensthemen wurden so geprüft, hinterfragt und neu ausgelegt. Je mehr Wissen über das Denken einfloss, umso mehr Verwirrung entstand jedoch im Geist. Am Ende lagen unendlich viele Möglichkeiten als einzelne Puzzleteile vor uns, die alle auf ihre Art Wahrheiten in sich bargen. An diesem Punkt unserer geistigen Reise war klar, dass Denken und Wissen letztlich nur Verwirrung auslösen können und ein übergeordneter Prozess im Leben – sofern es diesen überhaupt gibt –, auf diese Weise kaum verstanden werden kann.

Wenn Denken den Verstand also in Verwirrung bringt, dann müsste es durch Gedankenruhe ersetzt werden. Gedankenruhe stellt sich jedoch nicht unmittelbar ein. Sie ist das Ergebnis eines längeren Prozesses und erforderte in unserem Fall tägliches Praktizieren. Dieser Prozess verlief bei uns synchron ab. Nach vielen Jahren des täglichen Übens der gedankenfreien Meditation, öffnete sich eine neue Erfahrungsebene der inneren Kommunikation. Wir nannten sie unsere inneren

Lehrer oder unseren Schutzgeist. Dieser Name ist für uns passend, weil diese Ebene der Kommunikation den individuellen, persönlichen Geist des Verstehens vor Unwahrheiten oder Ablenkungen der äusseren Welt »beschützt«. In jedem Moment, in dem Gedanken den äusseren Gegebenheiten nicht mehr nachgingen, lehrten uns die inneren Lehrer von nun an, das Leben aus einer anderen Perspektive zu erfahren: als Beobachter und nicht als Akteure. Und je mehr wir die äussere Welt als Beobachter und nicht als Handelnde zu betrachten lernten, umso klarer wurden die globalen Zusammenhänge, die diese Welt aufrechterhalten. Das über weltliches Wissen zusammengefügte Puzzlebild fiel in sich zusammen und es entstand ein übergeordnetes, illusionäres Weltbild, welches von einer universellen Kraft zusammengehalten wurde: **Dem Denk-Konzept des EGO** oder **das Konzept des ICH's**.

Vor 10 Jahren kam aus der geistigen Welt die Information, eine Schule aufzubauen. Diese Idee ist keinem eigenen Wunsch entsprungen. Wir beide lernen lieber in der eigenen Stille und ziehen es vor, ruhige und aufmerksame Zuhörer zu sein, als vor einer Gruppe zu sprechen. In den Kreisen, in denen wir damals verkehrten, war man überzeugt, dass es so viele Wahrheiten wie Menschen gab und dass die absolute Wahrheit hier nicht erfahren werden konnte. Wieso sollte unsere Meinung zum Ausdruck gebracht werden? Der Widerstand gegen diese aussergewöhnliche Aufgabe war entsprechend gross und die Angst davor noch grösser. Doch wie heisst es oft in Filmen: Widerstand ist zwecklos. Es war der Beginn einer intensiven Zeit, in der Einzelthemen zusammengetragen und zu einer »Art« von Kurs geformt wurden. Es war auch klar, dass in dieser modernen Zeit ein Webseiten-Auftritt erstellt werden musste. Wochenlanges Nachdenken über DEN geeigneten Namen brachte jedoch nichts. Meistens waren die Namen bereits vergeben oder sie passten eben nicht. Eines Tages wurde der Name über die innere Stimme übermittelt: ICH BIN-Schule. Sofort kam das Denken in Aktion und löste ein Kopfschütteln aus. Das musste ein geistiger Witz sein. Das konnte nicht ernst gemeint sein. Wir waren uns damals der Bedeutung dieses Namens nicht bewusst und glaubten, dass niemand ihn verstehen würde. Er würde wohl höchstens belächelt. Trotz des inneren Widerstands eröffneten wir die Schule mit diesem ungewöhnlichen Namen. Nach und nach verstanden wir auch, dass das Ziel der Schule sein sollte, das ICH in seiner Illusion zu durchschauen und an das ICH BIN – die Quelle seiner Wahrheit – zurückzuführen.

Mit einer grossen Portion Ehrfurcht wurden die Seminarreihen gestartet. Schon von Beginn an wurde klar, dass nicht unsere ICHs diese Kurse leiten, sondern unsere geistigen Lehrer das Zepter und das Sprechen übernehmen würden. Entweder sprachen diese geistigen Lehrer aus einem von uns oder immer öfters kam es vor, dass innerhalb einzelner Sätze einmal das eine von uns beiden zu sprechen begann, und den Rest des Satzes durch das andere beendet wurde. Aus der Ehrfurcht, Schulungen zu geben, wurde Liebe zur Arbeit mit einem höheren kollektiven Bewusstsein. Jeder Kurstag ist anders. Unvorhersehbar. Einzigartig. Nicht das Denken des ICHs erteilte die Lektionen, sondern das kollektive Bewusstsein über die geistigen Lehrer. So wurde jeder Schulungstag nicht nur eine Schulung einzelner Schüler, sondern auch eine Schulung des kollektiven Gruppenbewusstseins. Lehrer und Schüler waren eins und nicht voneinander getrennt.

Diese ersten Erfahrungen waren das Fundament der Erkenntnis, wie das System Leben aufgebaut ist und welche Kräfte am Wirken sind. Neben dem individuellen ICH gab es ein kollektives ICH BIN, welches wiederum einem noch höheren Bewusstseinskonstrukt angehängt war. Wir erkannten das Leben immer mehr als Fraktal (geometrisches Muster), welches Form und Rhythmus ändert, aber nie seinen Anfang und sein Ende zeigen wollte. Was sich in seiner gesamten Existenz zu verstecken versuchte, musste etwas zu verbergen haben. Das Rätsel rief nach Rätsellöser. Wir nahmen die Herausforderung an und lassen unsere Leser in diesem Buch daran teilhaben. Es ist eine Reise aus dem Alles in das Nichts. Es ist der Weg oder den Zustand der ewigen Liebe. Einer Reise in eine andere Welt.

Dieses Buch ist mehr als nur ein Buch, welches in einem Durchgang gelesen werden kann. Es sind die einzelnen Sätze unserer Lehrer, welche darauf warten, enträtselt zu werden. Sei beim Lesen achtsam und in Stille bei dir.

Der Weg der ewigen Liebe

Dieses Buch soll aufzeigen, dass ein einziger Tag im Leben alle Themen beinhaltet, welche es möglich machen würden, die Erleuchtung - auch Erwachen genannt - zu erfahren. Dieses Erwachen ist ein ganz natürlicher Bewusstseins-Prozess und kann durch verschiedene Praktiken erreicht werden. Die Wege dahin mögen sich unterscheiden, doch alle gehen durch den Prozess der Achtsamkeit und der inneren Ruhe. Wer das nicht verstanden und für sich selber umgesetzt hat, wird diesen Zustand des Seins oder der Desillusionierung des ICH nicht erfahren.

> Der Weg der ewigen Liebe ist ein
> Zustand im Jetzt, aus dem sich dein Geist
> aus dem Schlaf des Vergessens erweckt.

Viele Menschen denken, dass es genüge, irgendwelchen weltlichen Lehrern oder Gurus zu folgen. Diese preisen oft an, dass sie die Erleuchtung erfahren haben und binden so die Menschen an sich. Diese folgen ihnen blind, ohne sich und diese Lehrer zu prüfen oder zu hinterfragen. Es reicht nicht, solche Gurus in [1]Darshans zu beschauen, um darin die eigene Göttlichkeit zu erkennen. Das ist eine Form der Ablenkung welche bezeugen soll, dass es Unterschiede zwischen dem Betrachteten und den Betrachtenden gibt. Ein Unterschied kann nur erkannt werden, wenn die Aufmerksamkeit auf das eigene ICH und das besondere andere ICH gelenkt wird. Das eigene ICH will zeigen, dass es anders ist als ein anderes ICH. Hier schnappt die EGO-Falle zu und wird weitere Erfahrungs- und Wiederholungsprozesse auslösen. Es gibt kein ICH, welches wachsen und in weiteren Leben fortbestehen kann. Das ICH ist solange aktiv, wie es einen Körper hat. Kein ICH kann entscheiden, welche Erfahrungen durch einen Körper gemacht werden können. Es ist eine Projektion des EGO in die Erfahrungswelt des JETZT, welche als Traum-Sequenz ausgestrahlt wird.

Hast du dich schon einmal gefragt, wieso erleuchtete Menschen das Bedürfnis haben, von ihrer Erleuchtung zu erzählen? Denke darüber nach.

Menschen, die unbewusst ihr Leben mit ihren Höhen und Tiefen durchlaufen, werden nie das Bedürfnis nach Erwachen oder Erleuchtung haben. Versuche nie jemanden davon zu überzeugen, dass es wichtig ist, diesen Zustand des sich Be-

---

[1] Das Göttliche sehen

wusstwerdens zu erreichen. Es ist reine Energieverschwendung und wird nur in weiteren Konflikten enden. Ebenso wird niemand Verständnis haben, wenn du erklärst, dass dieser Zustand dein oberstes Ziel ist. Die meisten Menschen sehen in diesem Ziel keinen Sinn, sondern nur Verwirrung oder gar Wahnsinn. Für sie wird die Welt und seine Schöpfungen immer ein Rätsel bleiben, das niemand entschlüsseln kann.

[2]Wenn auf der Erde alle das Gute als gut erkennen, so ist dadurch schon das Nichtgute gesetzt.

Ein Mensch, der den Zustand der Erleuchtung erfahren hat, wird nicht in einem Moment mehr weltliches Wissen in sich tragen. Was sich ändern wird ist die Erfahrung, was Wahrheit oder Unwahrheit ist und wie diese sich in allen Situationen zum Ausdruck bringt. Es ist ein Prozess der Desillusionierung. Ein Fall im Bewusstsein des ICH oder seiner Form innerhalb der Dualität. Es wird der Zerfall dieses besonderen ICH auslösen und eingehen in seinen ursprünglichen, geistigen Zustand. Menschen, die sich diesen Zustand vorstellen, ihr besonderes ICH zu verlieren, werden an diesem Punkt mit der Angst konfrontiert. Innere Bilder in Form von Ideen

---

[2] Laotse

zeigen auf, was alles verloren gehen könnte. Die meisten Menschen drehen hier um und verfolgen dieses Ziel nicht weiter. Irgendwann wird jedoch jeder Mensch an den Punkt kommen, die ständigen Wiederholungen des Lebens zu hinterfragen. Er wird erkennen, dass alle Situationen scheinbar einen anderen Hintergrund haben, aber die Herausforderungen der Themen immer die gleichen bleiben. Sie werden erkennen, dass das Leben einem Karussell gleicht. Es dreht sich immer um die gleiche Achse und die Blicke im Aussen sehen immer neue Formen und Farben. Alles scheint anders und dennoch wirkt es immer gleich. Niemand will aus dem Karussell absteigen und hofft, noch Unbekanntes zu entdecken. Irgendwann kommt der Zeitpunkt, wo wir die Augen schliessen und die Achtsamkeit auf das Innen lenken. Durch das Drehen mit geschlossenen Augen wird der Körper sich unwohl fühlen. Hier ist der entscheidende Moment gekommen: Wir können die Augen wieder für das Aussen öffnen oder wir können dieses andere Gefühl aushalten, um neue Erfahrungen zu durchlaufen.

In diesem Prozess erfährt das Bewusstsein eine Neuausrichtung. Die Gedanken und Ablenkungen werden durch das ICH verstärkt, um diesem Zustand einer Ausrichtung in das Innen keine Kraft zu geben. Bei näherer Betrachtung sieht es so aus, als ob das EGO (das ICH) alles daran setzen will, diesen neuen Weg der Bewusstwerdung zu verhindern. Je mehr Aufmerksamkeit wir auf die Reaktionen legen, umso verstärkter wirken sie. Wenn du dich einmal entschieden hast, diesen Weg der Bewusstseinserweiterung zu gehen, wird es Ernsthaftigkeit, Ausdauer und Achtsamkeit von dir verlangen. Es sind viele Teilschritte in der Bewusstseins-Schulung nötig. Das unbewusste Leben gleicht vielleicht noch einem Kindergarten. Der Übergang in die Bewusstwerdung entspricht der Grundschule. Und so geht der Mensch als Körper über in die Erfahrungswelt des Menschen als Energie- oder Geistkörper. Dieser Wechsel gleicht dem Erlernen des Schreibens und des neu-Verstehens. Dabei spielt der Faktor Zeit keine Rolle.

Erschaffe deinen Wissensbaum

Um einen Überblick über das eigene Wissen zu erhalten, lohnt es sich, sein eigenes Erfahrungs- oder Weltbild zu schaffen. Dieses Bild besteht aus allen möglichen Themen, welche als bedeutungsvoll erachtet werden. Dabei geht es nicht um eine Sammlung von Kochrezepten, sondern von Situationen und Themen, welche immer wieder ins Leben treten und das Interesse wecken. Es ist der Baum des Wissens, welcher gepflanzt und gepflegt werden soll.

[3]Sinnbild: Lebens- und Wissensbaum

Mit einer jeden neuen Erfahrung wird der Baum wachsen und die Jahreszeiten durchlaufen. Eine neue Situation ist wie

---

[3] Bild Pixabay (1768982)

der Frühling. Sie erwacht und beginnt mit einer Knospe. Die Situation wird bis im Sommer seine ganze Kraft entwickelt haben. In der Phase des Herbstes erfolgen die Ernte und der Prozess des Loslassens. Im Winter ist die Zeit der Ruhe und die Ausrichtung nach innen.

Genau gleich verläuft der Prozess der Bewusstwerdung:

- Wissen aufbauen (Frühling)
- Verstehen (Sommer)
- Integration (Herbst)
- Sein oder Loslassen (Winter)

Das ganze Erkenntnisjahr ist nicht linear der Zeit unterworfen, sondern findet immer im JETZT statt. Nicht alle Bewusstseinsprozesse befinden sich im Frühling oder im Sommer. Die einen sind bereits abgeschlossen und durchlaufen eine Winterruhe, andere wiederum treten in die Integrationsphase des Herbstes ein.

Um den Sinn und Zweck besser erkennen zu können, kann folgendes Beispiel dienen.

Wissensbaum-Beispiel zum Thema «Liebe»

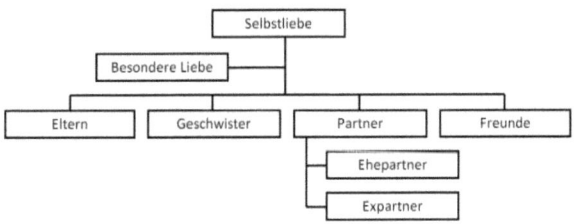

Um das Thema »Selbstliebe« zu verstehen, müssen alle möglichen Teilprozesse angeschaut werden, die damit verknüpft sind. Dahinter steckt immer die Frage: Wie weit ist das ICH vom Loslösungsprozess entfernt (Wissen, Verstehen, Integration oder Loslassen)? Erst wenn alle Teilprozesse die letzte Prozess-Stufe abgeschlossen haben, kann das übergeordnete Thema der «besonderen Liebe» verstanden werden. Sobald auch dieser Teilschritt geschafft und desillusioniert ist, wird das Thema der «Selbstliebe» als Ganzes verstanden werden können.

Vielleicht wird sich an diesem Punkt das EGO wieder melden und versuchen, dich von dieser Wahnsinnsarbeit abzuhalten.

Soviel Zeit ist gar nicht vorhanden neben dem Job, der Partnerschaft, den Freizeitaktivitäten und den alltäglichen Arbeiten wie waschen, putzen oder einkaufen. **Lass dich nicht beirren.** Es kostet kaum Zeit und Aufwand, weil nicht alles aufgearbeitet werden muss. Sobald ein Thema in uns aufflackert, ist es hilfreich, dieses als Stichwort aufzunehmen. Später kann man seinen Platz in einem übergeordneten Prozess suchen.

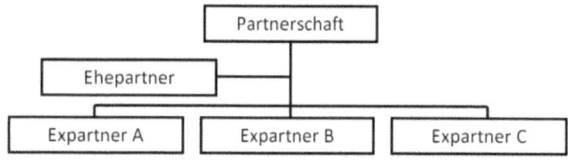

Pro Thema können wenige Fragen helfen herauszufinden, wie viel Groll oder Frieden in diesen Erfahrungen stecken.

Beispiel: Ex-Partner A

- Wie viel Groll steckt hinter dieser Erfahrung? - *Viel*
- Grund für den Groll? - *Verletzung*
- Was wurde verletzt? - *letztlich nur mein EGO*
- Was habe ich durch diese Verletzung gewonnen? - *Mein heutiger Ehepartner*
- Möchtest du das gegen deinen Ex-Partner eintauschen? - *Nein*
- Ist der Groll somit noch gerechtfertigt? - *Nein*
- Wie kommst du zum Groll heraus? - *Verzeihung*

Wenn es dir gelingt, alle Situationen und Konflikte nur als deine ganz persönlichen Erfahrungsprozesse anzusehen, wirst du schneller deinen inneren Frieden finden.

Es gibt im Leben nur wenig zu verstehen:

**Alles, was mir begegnet und ich erfahre,
kommt zu mir, um mir zu dienen.
Niemand trägt Schuld für etwas,
was mich verletzt hat.
Verletzungen entstehen nur in
meinen eigenen Gedanken.
Ich kann im Aussen immer nur
Teilaspekten von mir selber begegnen.**

Die Bewusstseins-Stufen entscheiden, wie der Betrachtende seine Lebenssituationen ansehen wird. Es gibt nur zwei Bewusstseins-Zustände im ganzen Universum: Die Wahrnehmung des täuschenden Bewusstseins über die physische Welt und der Gefühle (EGO) und die Wahrnehmung des Geistes der Wahrheit, jenseits von Formen. Ein Bewusstsein in Aktivität sucht immer nach der Quelle seines Ursprungs. Somit kann es keine »nicht spirituellen« Menschen geben. Er folgt immer dem Ruf seiner Quelle, auch wenn sein Bewusstseinszustand »verschleiert« ist. Bewusstsein lässt sich nicht schulen - es steht immer in seiner höchsten Qualität zur Verfügung. Es sind die eigenen Gedanken, welche diese höchste Präsenz der Wahrheit verdunkeln oder vernebeln. Einleuchtungen passieren nicht selten durch prägende Ereignisse, wie beispielsweise ein Verlust eines nahestehenden Menschen oder ein tiefgreifender Krankheitsverlauf. Das Durchlaufen einer Krankheit kann zur inneren Heilung führen, auch wenn diese im physischen Körper nicht überlebt wird. Es wird sehr viel einfacher, wenn alle Lebenssituationen mit der Optik der Bewusstseins-Pyramide betrachtet werden, um mehr Klarheit zu erhalten.

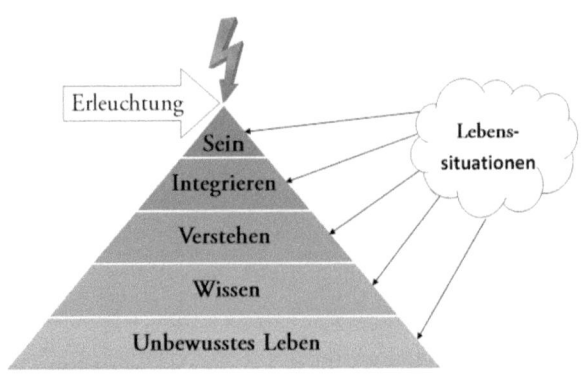

Bild: Menschliche Bewusstseinsebenen aus Sicht des Betrachters

Unbewusstes Leben
- Kampfansage gegen alles, was bedrohlich wirkt.
- Manipulation auslösen oder zulassen.
- Recht haben wollen.
- Auf eine Aktion erfolgt eine Reaktion.
- Mitgefühl wirkt nur im engsten Rahmen.

Wissen
- Bewusstwerdung, was freier Wille bedeutet.
- Suche nach Individualität und Spiritualität.
- Entwicklung des Gefühls, besser zu sein, weil man die geistigen Gesetzmässigkeiten beginnt zu verstehen.

Verstehen
- Erkenntnis, dass Spiritualität der Illusion und dem EGO unterworfen ist.
- Erkenntnis, dass es keine Erfahrungen gibt, die nicht auf Angst oder Schuld basieren.
- Erkenntnis, dass zwei Bewusstseins-Ebenen auf den Menschen einwirken.

Integration
- Befreiung und erfahrener Frieden durch Vergebungsarbeit. Alles, was in eine aktive Richtung von Befreiung unternommen wird, ist nicht nur zum Scheitern verurteilt, sondern wird in Unfreiheit enden.
- Desillusionierung der Welt und ihre Themen.
- Integration des ICH BIN-Bewusstseins ins tägliche Leben.
- Überwindung der Dualität im Geist.

Sein
- Erkenntnis, dass die Quelle niemals verlassen wurde.
- Erwachungsprozess aus dem Traum innerhalb der Schöpfungsquelle.

Der Sein-Prozess wird erst ausgelöst, wenn alle weltlichen Themen aufgelöst sind und Frieden eingekehrt ist. Ein Geist in Unruhe wird in seiner Betrachtungsweise niemals die Wahrheit hinter der Dualität erkennen. Ein Mensch kann tausende spiritueller Bücher lesen und wird dennoch die Wahrheit nicht von der Unwahrheit unterscheiden können. Der Grund dafür ist sein »monkey mind«. Damit sind unsere Gedanken gemeint, welche wie eine Horde wilder Affen die innere Ruhe stören.

Solange es dem Menschen nicht gelingt, seine Gedanken in eine absolute Ruhe zu bringen, wird er von diesen beherrscht. Es wird ihm in diesem Zustand nie gelingen, klar zu sehen. Du kannst durch eine Flasche, welche gefüllt ist mit Wasser und Sand, nichts erkennen, wenn diese geschüttelt wird. Erst durch Ruhe wird sich der Sand in dieser Flasche setzen und mit grosser Achtsamkeit wirst du dadurch auch schauen und erkennen können. Sobald Klarheit da ist, wird sich der Prozess des Loslassens automatisch fortsetzen. Dazu passt die Geschichte im nächsten Kapitel.

Die Steinwesen und der Messias

In einem grossen Wildbach lebten ganz viele Steinwesen, dessen einzige Aufgabe es war, sich an den Steinen festzuhalten. Seit vielen Generationen halten sie einfach fest, ohne ihren Stein loszulassen. Mit der Zeit wurden diese Steinwesen immer unzufriedener und begannen, über andere zu reden. Eines Tages sagte ein Steinwesen zu den anderen: «Ich lasse jetzt einfach mal los und schaue, was mir im Wasser passiert.» Entsetzen machte sich unter den anderen Wesen breit und alle riefen dem Steinwesen zu: «Nein, nein! Das darfst du nicht machen. Das wird dich das Leben kosten. Der Wildbach wird dich zerfetzen oder du wirst an den Steinen zerschlagen! Bleib einfach da und halte dich an deinem Stein fest, wie wir es seit Generationen immer gemacht haben. Das ist unsere einzige Bestimmung.»

Das Steinwesen hält sich noch eine Zeitlang an seinem Stein fest und lässt plötzlich los. Es fiel ins Wasser, wo es sofort von den Strudeln gepackt und herumgewirbelt wurde. Es wusste nicht mehr, wo oben und wo unten war und wurde an Steine gestossen, was ihm auch Schmerzen bereitet hat. Auch wenn es noch so durch gewirbelt wurde, so war es ganz im Vertrauen und wusste, dass es gut kommen wird. Es liess sich immer weiter treiben, bis das Wasser ruhiger wurde.

Endlich sah das Steinwesen wieder, wo es war. Es erblickte andere Steinwesen, welche sich auch an Steinen festhielten, so wie es das vorher auch immer gemacht hatte. Die anderen Wesen erblicken das im Wasser treibende Steinwesen und sie riefen ganz laut: «Schaut! Schaut! Der Messias kommt! Das muss unser Erlöser und Erretter sein! Endlich werden wir erlöst aus unserem Dasein! Hilf uns, Messias! Hier sind wir!»

Das Steinwesen sagte zu den anderen: «Nein, nein. Ich bin nicht der Messias. Ich bin gleich wie ihr. Ihr müsst nur loslassen. Kommt mit mir mit!»

Doch sie trauten sich nicht, ihren Stein loszulassen und warten noch heute auf ihren Messias. Noch heute denken sie, dass das eine Offenbarung war und sie eines Tages errettet werden.

Du kannst jederzeit loslassen. Es gibt keinen Retter und keinen Messias, der das für dich übernehmen wird. Löse dich von deiner Umklammerung deiner Ideen, wenn du deine wahre Quelle erfahren willst.

Jeder Mensch erkennt darin seine Umklammerung an seinen

Ideen und Idealvorstellungen. Alle warten auf einen Moment, wo alles besser wird. Der richtige Moment wird kommen und niemand erkennt, dass der richtige Moment immer JETZT ist. Der Mensch wird auf Steinen geboren und stirbt auf Steinen, ohne dass er diese jemals losgelassen hat. Zu stark wirken das Unvertrauen und die Angst, etwas falsch zu machen. Und hat er einmal entschieden, hadert er mit der Schuld, etwas Falsches gemacht zu haben.

Diese Spirale von Angst und Schuld dreht sich endlos in der Idee der Zeit. Es wird nie eine bessere Zeit kommen als das **JETZT**.

Das JETZT zeigt all dein gespeichertes Wissen aus der Vergangenheit mit all seinen Erfahrungen und Ängsten. Die Summe dieser Erfahrungen und den Glauben an dessen Wahrheit formt sich zur neuen Erfahrung der Gegenwart und der Zukunft.

Wenn ein Bewusstsein diese Ebene durchläuft, wird ein jeder Mensch diese ewige Wahrheit einer physischen Form erfahren. Eckhart Tolle hat diese seine Erfahrung auch in einem Buch (Es ist immer Jetzt) mit der Welt geteilt.

Ein ganz normaler Tag

Betrachten wir einen ganz normalen Tag aus der Sicht eines Menschen mit Situationen, welche täglich vorkommen.

*Teil 1: Der Wecker klingelt. Der **Körper** lässt sich noch nicht bewegen und wartet auf einen Impuls, welcher den physischen Motor in Gang bringt. Langsam erwachen die **Gedanken** und versuchen, sich an die Träume der Nacht zu erinnern. Nur mühsam lassen sich die Bilder und Abläufe aneinanderreihen und scheinen keiner Logik zu entsprechen. Wieder so ein sinnloser **Traum** beginnt es zu denken. Ein Traum von einem Engel? Wieder etwas, das scheinbar ohne **Sinn** in unserem Denkapparat projiziert wird. Aber wieso wiederholen sie sich? Haben sie vielleicht doch eine **Bedeutung**? Ein Blick auf die Uhr sagt, dass keine **Zeit** bleibt, um sich darüber Gedanken zu machen. Es gibt viel zu tun und das Tagesprogramm scheint wie immer gefüllt zu sein. Herzlich Willkommen in einem neuen Tag, der sich von allen anderen nicht unterscheiden wird.*

Teil 2: Schnell ein paar Dehnungsübungen, um die Beweglichkeit auch im **Alter** halten zu können. Viele Artikel beschreiben **Krankheiten** und Gebrechen und wie Mensch dagegenhalten kann. **Genetisch** ist eine Vorbelastung vorhanden, also ist Vorbeugung höchste Priorität. Im Vorbeigang starte ich die Kaffeemaschine, bevor es unter die Dusche geht. Die Zeit reicht gerade noch, um ein Kaffee zu geniessen, bevor es zur Arbeit geht. Ein paar Tassen Kaffee pro Tag sollen ja gut sein für das **Herz**. Einfach nicht übertreiben und es wird dienen, statt zu schaden. Welch ein Geschenk, dieses Internet. Hier kann ganz viel nützliches Wissen aufgebaut werden (oder auch nicht ☺).

Teil 3: Der Zug fährt in ein paar wenigen Minuten ab. Gerade genug Zeit, um noch eine Zeitung zu kaufen. Es ist einer dieser Tage, wo es noch genügend Sitzplätze gibt. Wie gewohnt setze ich mich so, damit ich die Fahrt vorwärts geniessen kann und schlage die Zeitung auf. Die Artikel mit den News überschlagen sich:

- **Religiöse** Fanatiker sprengen sich und viele Menschen und auch Kinder in die Luft.
- Die Kluft zwischen **arm und reich** wird immer grösser. Das reichste Prozent hat mehr Geld als der Rest der Welt.

- Berühmter Schauspieler stirbt an einer Überdosis **Drogen**.
- *Wissenschaft gewinnt neue Erkenntnisse über die Genetik des Menschen.*

*Der Zug hält an. Meine Station. Zu Fuss sind es nur 15 Minuten bis ins Büro. Diese paar Schritte sind genügend Fitness für den ganzen Tag, der einmal mehr verplant sein wird mit Sitzungen sein wird. Ein inneres Gefühl sagt mir, dass für die heutigen Themen alles **Wissen** da ist, um erfolgreich den Tag zu durchlaufen.*

Teil 4: In der Mittagspause zieht ein altes Ehepaar - beide weit über 80 Jahre alt - am Tisch nebenan die **Aufmerksamkeit** auf sich. Beide diskutieren und gestikulieren heftig miteinander. Beide tragen Hörgeräte, bei denen vermutlich die Batterien längst ihren **Geist** aufgegeben haben. Erst bei genauem Hinhören fällt auf, dass er von einer **Geschichte** erzählt, als sie ihre Fahrkarte nicht mehr gefunden hat, als sie auf einer Reise waren. Sie aber antwortet aus einer ganz anderen Geschichte heraus, als sie einen Gegenstand in einem Fundbüro abgegeben hat. Beide gefangen in ihrer Geschichte und ihren **Erfahrun-**

gen und trotzdem in einem gemeinsamen **Frieden**, obschon sie völlig nebeneinander vorbei diskutieren.

Teil 5: Nach Arbeitsschluss geht es noch kurz in einen Lebensmittelladen, um etwas einzukaufen. Die einzige offene Kasse wird angesteuert, als von rechts eine Rentnerin ihr Tempo verdoppelt, um eher an der Kasse zu sein. Ihr Einkaufwagen hat sicher das 3-fache an Waren im Wagen, was sofort entsprechende Gedanken auslöst. Das **Schmunzeln** in ihrem Gesicht zeigt auf, dass sie dieses Rennen als Sieg verbuchen kann. Die eigene **Wut** aussprechen oder schweigen? Da Schweigen Gold sein soll, bleiben die Worte unausgesprochen. Am Förderband werden noch weitere Artikel genauestens studiert und auf das Band gelegt. Einige wandern dann dennoch wieder zurück ins Regal. Tief ein- und ausatmen und ruhig bleiben. Das **innere Lächeln** nicht verlieren. Endlich sind alle Artikel gescannt und es geht um das Bezahlen. Cool zückt die ältere Dame ihre Kreditkarte, welche das Gerät immer wieder auswirft. Nach mehrmaligen Reinigungsversuchen wird die Karte doch noch akzeptiert. Der Code scheint zu stimmen, als das Gerät meldet, dass die Kreditsumme überzogen ist. Den weiteren Verlauf dieser Geschichte und die Flut an Gedanken blenden wir hier mal aus.

Teil 6: Irgendwann am späten Abend kommt die Müdigkeit. Das Bett ruft. Kurz ein Blick auf die Uhr um auszurechnen, wie viel **Schlaf** geschenkt wird, bevor der Wecker wieder klingeln wird. Zufrieden schliessen sich die Augen und der Schlaf lässt nicht lange auf sich warten. Ein plötzliches Geschrei holt diesen friedlich in sich ruhenden Körper zurück in die **Welt**. Das Herz rast und ein Blick auf die Uhr zeigt an, dass es kurz vor Mitternacht ist. Der Nachbar ist **nach Hause** zurückgekehrt und schreit mit seiner Frau quer durch ihre Wohnung. Alle Fenster sind geöffnet, so dass das ganze Quartier zuhören muss. Streit ist das nicht. Es ist ihre Art zu diskutieren und Meinungen müssen laut kommuniziert werden. Innere Wut zeigt sich und an Schlaf ist vorerst nicht mehr zu denken.

Durchlebte Erfahrungsthemen

Spulen wir den Film zurück an den Anfang und versuchen, alle Themen und Konflikte dieses einen Tages zusammen zu fassen. Dabei liegt die Achtsamkeit nur auf den Themen, die den eigenen Lebensweg immer wieder durchkreuzen. Das Ganze erscheint wie ein Puzzle-Spiel, wo Einzelthemen ihren festen Platz im ganzen Lebensbild suchen. Einzelthemen, welche wiederum als Ganzes mit allen anderen Themen verbunden sind.

Ein weiteres Verständnisbild kann ein gewobener Teppich sein. Je nach Betrachtungsweise lässt sich der ganze Teppich, ein Teil davon als Muster oder die einzelnen, in sich verwobenen Fäden erkennen.

Es ist ein natürlicher Prozess des Lebens, dass der Mensch im Laufe der Zeit den Schritt vom unbewussten ins bewusste Leben machen wird. Der Weg von der Unwissenheit zum Wissen, zum Verstehen, zur Integration in den Zustand des Sein ist lang und hält viele Herausforderungen und Prüfungen bereit. Ist dieser Weg einmal gewählt, scheint es kein Entrinnen mehr zu geben. Es werden unbekannte Kräfte aktiviert, die wie ein Magnet in eine Richtung ziehen.

Suchen wir aus dem ganz normalen Tag die wichtigsten Themen aus und teilen sie auf in verschiedene Gruppen:

In der ersten Gruppe finden sich Themen, welche wissenschaftlich nie beweisbar sind und sich ausserhalb des rationalen Verstandes befinden:

- Träume
- Zeit
- Engel

Die zweite Gruppe sind die Hauptthemen, mit welchen sich unsere Welt befasst. Diese Gruppe besteht aus dem Glauben, dass es so ist. Auch die Wissenschaft basiert auf dem Glauben und wird sich im Laufe der Zeit immer wieder korrigieren:

- Wissen
- Wissenschaft
- Religion
- Genetik

Die dritte Gruppe befasst sich mit der Form des physischen Körpers - dem ICH:

- Gesundheit
- Krankheit
- Geburt
- Alter
- Tod

Die vierte Gruppe befasst sich mit den Gefühlen und Emotionen. Emotionen gehören zu der Erfahrung eines Körpers und können nicht vermieden werden. Sie haben nichts mit dem Bewusstsein, sondern mit dem Denken zu tun:

- Täter und Opfer
- Arm und Reich
- Mut
- Hoffnung
- Verzweiflung
- Gefühl
- Aufmerksamkeit
- Frieden
- Wahrnehmung
- Sieg oder Niederlage

Alle Wissensgruppen des Lebens beinhalten zwei Themen, welche sich wie ein roter Faden durch alle physischen Formen und in allen Stofflichkeiten über das Denken und Wissen zeigen:

- Angst
- Schuld

Die Ursache aller Ängste und Gefühle wie der Schuld ist:

- Unwissen

Alle Gruppen sind untrennbar miteinander verwoben und bilden Muster im gewobenen Teppich des Lebenstraumes. Keine Gruppe kann alleine für sich existieren. Diese einzelnen Themen verstehen sich in ihrer Wirkung und Aussage je nach Bewusstseins-Entwicklung und Optik ganz unterschiedlich. Übergeordnet können die Themen in die Gruppe »Angst & Schuld« zusammengefasst werden. Alles in Allem würde das bedeuten, dass Wissen letztendlich zu Unwissenheit führen wird. Diese Aussage wird in den meisten Fällen Empörung oder Kopfschütteln hervorrufen. Es soll auch provozieren. Die nachfolgenden Kapitel werden aufzeigen, wie diese Aussage entstehen konnte.

Eine grosse Weisheit besagt:

>
> **Glauben ist nicht wissen.**
> **Wissen heisst noch nicht,**
> **dass es verstanden worden ist.**
> **Verstanden haben heisst nicht,**
> **dass es auch integriert worden ist.**
> **Es integriert zu haben heisst noch nicht,**
> **das ICH für das SEIN aufgegeben zu haben.**

Wissen - Verstehen - Integration (Teil 1)

Stellen wir den Film auf Slow Motion und betrachten Schritt für Schritt diesen »ganz normalen Tag« mit seinen gezeigten Themen. Dabei wird im Bereich Wissen und Verstehen bewusst provoziert, um zu zeigen, dass es so viele Meinungen wie Menschen selber gibt. Der Fokus ins Detail wirft die meisten richtig oder falsch Meinungen auf. Solange ein Thema sich wiederholt und die Aufmerksamkeit des Menschen auf sich zieht, ist es noch nicht verstanden worden. Was verstanden und integriert worden ist, wird keine Aufmerksamkeit mehr nach sich ziehen.

Rückblick auf Erfahrungstag - Teil 1

*Der Wecker klingelt. Der **Körper** lässt sich noch nicht bewegen und wartet auf einen Impuls, welcher den physischen Motor in Gang bringt. Langsam erwachen die **Gedanken** und versuchen, sich an die Träume der Nacht zu erinnern. Nur mühsam lassen sich die Bilder und Abläufe aneinanderreihen und scheinen keiner Logik zu entsprechen. Wieder so ein sinnloser **Traum** beginnt es zu denken. Ein Traum von* *einem Engel? Wieder etwas, das scheinbar ohne **Sinn** in unserem Denkapparat projiziert wird. Aber wieso wiederholen sie sich? Habe sie vielleicht doch eine **Bedeutung**? Ein Blick auf die Uhr sagt, dass keine **Zeit** bleibt, um sich darüber Gedanken zu machen. Es gibt viel zu tun und das Tagesprogramm scheint wie immer gefüllt zu sein. Herzlich Willkommen in einem neuen Tag, der sich von allen anderen nicht unterscheiden wird.*

Halte bei einem jeden Begriff inne und versuche zu erfahren, was du darunter verstehst.

Körper

Bewusstseins-Stufe: unbewusstes Leben

Durch Zeugung entstehen neue Körper, welche im Körper einer weiblichen Form heranwachsen. Dieser Vorgang entsteht durch die Schöpfungskraft und unterliegt einer zeitlichen Linie zwischen Geburt und Tod. Die genetische Struktur durch Vererbung bestimmt Gesundheit oder Krankheit. Der Körper durchläuft individuelle Erfahrungsprozesse. Durch das Denken wird der Körper gelenkt. Das Fühlen bestätigt seine Wahrheit und bestätigt, dass das Erlebte innerhalb der Evolution passiert.

Bewusstseins-Stufe: Wissen

Durch geistige Schulungen wird erfahren, dass ein freier Wille auf den Ebenen von Körper-Geist-Seele wirkt. Dieser an eine Seele gekoppelte Geist ist individuell und einzigartig in seiner Ausdrucksweise. Ein höheres Bewusstsein lenkt den Körper in verschiedenste Erfahrungsebenen und bezieht seine Energie aus feinstofflichen Ebenen.

Bewusstseins-Stufe: Verstehen

Erkenntnis, dass zwei verschiedene Bewusstseinsebenen dem Körper Informationen zuhalten. Das Bewusstsein des EGO - der Bestätigung, dass das ICH eine Reise durch Zeit und Raum durchläuft - lenkt durch Gedanken und Gefühle ab und hält dieses ICH in einem Traum / einer Illusion fest. Der freie Wille gehört zum Konzept des EGO und ist den Lebensthemen der Angst und der Schuld unterworfen. Das ewige Bewusstsein der Wahrheit und der einzigen Quelle versucht, den Teil, der eingeschlafen ist, zu wecken.

Bewusstseins-Stufe: Integration

Durch erlebte Gedankenruhe wird die Illusion des Körpers im Konzept des EGO bewusst erkannt. Erkenntnis, dass das ICH keine Individualität als Wahrheit besitzt. Was EINS ist, kann nicht ein Mehrfaches dieses Einzelnen sein. Überwindung der Dualität durch Erwachen.

Erkenntnis

Je weniger ein Bewusstsein durch Gedanken getrübt wird, umso klarer bringt sich dieses zum Ausdruck und verändert dabei seine Bedeutung, bis es sich letztlich ganz auflöst. Ein Körper als Form kann ohne Projektion des EGO nicht existieren. Individualität ist eine Täuschung, die durch Gedanken und Gefühle entsteht und über den Glauben daran aufrechterhalten wird. Das einzige, was sich durch Raum und Zeit bewegt, sind die Gedanken eines träumenden Geistes in Form von Bewusstsein.

Gedanken

Bewusstseins-Stufe: unbewusstes Leben

Die Gedanken sind persönlich und frei. ICH treffe Entscheidungen. Niemand ausser mir selber weiss, ob meine Gedanken und Worte übereinstimmen oder die Wahrheit verschleiern oder verdecken. Es sind meine Erfahrungen und mein Wissen, welche mir Recht geben.

Bewusstseins-Stufe: Wissen

Meine Gedanken unterstehen meinem freien Willen und wirken nach geistigen oder hermetischen Gesetzmässigkeiten. Resonanzbedingt zieht es Gleiches an oder stösst es weg. Alle Gedanken sind Energien, die positiv, negativ oder neutral wirken. Energie kann durch die Kraft der Gedanken beeinflusst werden.

Bewusstseins-Stufe: Verstehen

Gedanken haben keinen freien Willen. Der Mensch wird durch das Konzept des EGO gedacht und bewegt. Es gibt keine neutralen Gedanken. Diese sind immer geprägt durch die Gefühle der Angst und der Schuld. Wo Gedanken ruhen, dort ist Frieden. Aktivität im Denken ist Ablenkung vor der Erkenntnis des wahren Seins.

Bewusstseins-Stufe: Integration

Wo Gedanken ruhen, da breitet sich Zufriedenheit und bedingungslose Liebe aus. Die Idee der Besonderheit gibt sich auf und macht Platz für die Wahrnehmung absoluter Friedfertigkeit.

Erkenntnis

Gedanken sind lediglich Projektionsbilder, welche einer Form, eine Individualität vortäuschen. Diese entstehen nicht im Menschen, sondern ausserhalb von ihm. Diese sind Teil einer globalen Illusion - eines globalen Traumes. Dort, wo keine Gedanken mehr sind, herrscht Ruhe und Leere und lässt das Konstrukt Leben in sich zusammenfallen.

Traum

Bewusstseins-Stufe: unbewusstes Leben

Der Traum unterscheidet sich vom Tagesbewusstsein dadurch, dass seine Handlungen nicht beeinflusst werden können. Träume sind gekoppelt mit der Gefühlsebene und können dadurch als sehr real wahrgenommen werden. Träume zeigen oft Wünsche und Fantasien auf und sind Bewegungen innerhalb eines denkenden Bewusstseins.

Bewusstseins-Stufe: Wissen

Träumen ist die Sprache der Seele und haben immer eine tiefer greifende Bedeutung. Sie beinhalten Informationen aus dem Unterbewusstsein und verarbeiten das Tagesgeschehen. In Träume kann über das luzide Träumen bewusst eingegriffen werden. Träume zu verstehen kann Prozesse in eine Heilung bringen.

Bewusstseins-Stufe: Verstehen

Träume zeigen immer auch übergeordnete Prozesse auf, welche uns in Wiederholungen führen. Die gekoppelte Gefühlswelt zeigt die eigenen Angst- und Verarbeitungsthemen in der gelebten Welt auf. Erkenntnis, dass Tag- und Nachtträume sich in ihrer gelebten Realität nicht unterscheiden. Traumerfahrungen sind immer Angst- und Schuldthemen unterworfen.

Bewusstseins-Stufe: Integration

Verstandene und integrierte Bewusstwerdungsprozesse befreien uns aus Wiederholungen, weil ein erwachendes Bewusstsein diesen keine Aufmerksamkeit mehr schenkt. Ein Indiz, dass etwas integriert werden konnte ist, wenn Träume friedlich werden und von Angstprozessen befreit sind. Träume wirken nach der Ausrichtung des Geistes.

Erkenntnis

Der einzige Unterschied zwischen Wach sein und Schlaf ist der Gedanke, dass es einen Unterschied geben könnte. Beide Ebenen im Traum zeigen nur, dass der Geist der Wahrheit in uns eingeschlafen ist. Das Bewusstsein befindet sich durch Träumen auf einer Reise durch Zeit und Raum, wo Geburt und Tod und das lineare Leben als Opfer und Täter in Welten der Angst und der Schuld sich bewegt.

Sinn

Bewusstseins-Stufe: unbewusstes Leben

Sinn und Zweck und der Wunsch eines jeden Menschen ist es, ein glückliches und freudvolles Leben in Harmonie zu erfahren. Begegnungen von Glück oder Unglück sind dem Zufall unterworfen. Ein täglicher Kampf um das Überleben, wobei das Stärkere aus Sicht der Beurteilung meist das Gewinnende ist.

Bewusstseins-Stufe: Wissen

Erkenntnis, dass Bewusstsein das Leben als physische Form begleitet und dieses nicht sterben kann. Die Suche der Bedeutung und dem Sinn des Lebens auf dem Pfad der Spiritualität. Nur wer spirituell ist und spirituell denkt, erreicht die nächste Lebensstufe innerhalb des Zeit und Raum-Kontinuums. Überwindung des Todes, Aufstieg in eine andere Welt. Diese Idee ist der Angst und der Schuld unterworfen.

Bewusstseins-Stufe: Verstehen

Spiritualität ist eine Form der Ablenkung aus dem Konzept des EGO. Das Verstehen liegt in der Kraft der Ruhe, welche Tore zu neuen Erfahrungsebenen öffnet. Der Körper dient lediglich als Fortbewegungsmittel des EGO innerhalb einer dualen, getrennten Welt. Durch das Verstehen wird der Lebenssinn desillusioniert.

Bewusstseins-Stufe: Integration

Die Idee eines Sinns im Leben ist lediglich ein Teil eines globalen Traumes. Die absolute Gedankenruhe wird dem Sinn den Sinn wegnehmen. Wenn das ICH sich auflöst, wird das ICH BIN die Reise in die Nondualität fortführen und sich selber wieder erwecken. Erkenntnis, dass Begegnungen nur Projektionen unseres Selbst sind.

Erkenntnis

Ein Sinn entwickelt sich weiter zum Un-Sinn und stirbt in der Idee der Besonderheit. Würde der Mensch von Anfang an erkennen, dass seine irdische Reise keinen anderen Sinn verfolgt, als aufzuwachen, würden jegliche Machtgebilde, welche Menschen und Nationen steuern, in sich zusammenbrechen.

Es ist nur die Besonderheit einer eingebildeten Individualität, welche einer Form oder Situation einen Sinn zuweisen kann. Ein bewegtes Bild (Projektion) auf einer unbewegten Leinwand (Welt) kann keinen wirklichen Sinn verfolgen, außer der, dass es als Film und wir als projizierte Schauspieler erkannt werden kann.

Bedeutung

Bewusstseins-Stufe: unbewusstes Leben

Ich bin der Entscheider über all dem, was ICH eine Bedeutung geben will. Alles, was meine Aufmerksamkeit hat, ist bedeutend für mich. Meine Sinne und meine Emotionen bestätigen dabei meine Wahrnehmung, dass ich zu einem Ereignis in meiner Gefühlswelt Recht habe.

Bewusstseins-Stufe: Wissen

Neben dem ICH gibt es ein kollektives Bewusstsein, welches einer Situation eine Bedeutung geben kann. Über das Denken und die Gefühle wird eine Situation bedeutungsvoll. Der tiefe Sinn einer Bedeutung ist ein Konstrukt zwischen Besonderheit und Fühlen.

Bewusstseins-Stufe: Verstehen

Die Zuweisung jeglicher Bedeutung wird durch das kollektive Bewusstsein des EGO gesteuert. Nichts hat eine Bedeutung, wenn das ICH (EGO) es nicht hervorhebt. Es sind nur die Gedanken, welche etwas bedeutungsvoll machen. Jegliche Form von Bedeutung unterliegt immer dem Gefühl der Angst.

Bewusstseins-Stufe: Integration

Wenn Gedanken in sich ruhen, hat nichts im Innen wie im Aussen eine Bedeutung. Jegliche Bedeutung zeigt nur endlose Wiederholungen erfahrender Situationen an. Die Bedeutung ist Teil der Illusion des EGO, welche an der Dualität als Wahrheit festhält.

Erkenntnis

Bedeutung wird in der Bewusstwerdung mehr und mehr zur Bedeutungslosigkeit, weil es keine Gedanken mehr gibt, welche diese stützen. Jegliche Art von Zuweisung an Bedeutung ist ein Zeichen, dass sich ein Teil des eigenen Bewusstseins noch tief in der Schlafphase befindet.

Zeit

Bewusstseins-Stufe: unbewusstes Leben

Zeit ist das Dazwischen einzelner Ereignisse. Jegliches Leben ist der Zeit unterworfen. Diese verläuft immer linear und dient dazu, einzelne Situationen und Momente bedeutungsvoll zu machen. Das Mass der Zeit bestimmt über alles einen Anfang und ein Ende.

Bewusstseins-Stufe: Wissen

Zeit ist ein zeitloser Moment im Jetzt. Die Bedeutung von Zeit ist nur möglich, weil das Denken dieses Konzept als Wahrheit akzeptiert. Sie ist immer dem Gefühl der Angst unterworfen und wirkt stärker, wenn sich etwas dem Ende nähert. Durch Bewusstseinsarbeit kann die Erfahrung der Zeit verändert werden.

Bewusstseins-Stufe: Verstehen

Es ist immer Jetzt. Gedanken überwinden Zeit in alle Richtungen. Vergangenheit, Gegenwart und Zukunft finden immer im Jetzt statt. Das, was reist, sind nur die Gedanken. Innerhalb dieser Zeit kann nichts neu erfunden werden, welches nicht längst schon als geschöpfte Idee im Zeit-Raum-Kontinuum vorhanden war. Eine Erfindung entwickelt sich aus einer Zeitreise innerhalb der eigenen Gedanken. Wer Zeit bestätigt, unterwirft sich seiner Wirkung von Geburt und Tod, Angst und der Schuld.

Bewusstseins-Stufe: Integration

Jeglicher Ausdruck über eine Form des Lebens ist der Dualität und der Zeit unterworfen. Dort, wo Formen (auch Feinstofflichkeiten) sich zum Ausdruck bringen, ist Zeit mit sämtlichen hermetischen Gesetzmässigkeiten am Wirken.

Erkenntnis

Zeit benötigt eine Form, um zum Ausdruck gebracht zu werden. Zeit gehört neben der Idee von Raum (Dimensionen) zum Konzept des EGO.

Was wir daraus lernen können

Der physische Körper ist ein Traumkörper eines sich von seiner Quelle getrennt fühlenden ICH-Bewusstseins. Die Gedanken bewegen sich innerhalb einer geträumten, illusionären Welt und Universum. Es gibt weder einen klar erkennbaren Sinn oder eine logische Bedeutung dieses Seins-Konzeptes, welches letztendlich nur Angst- oder Schuldzustände in unterschiedlichen Erfahrungsgraden zeigen kann. Alle Themen innerhalb dieser Erfahrungswelt können der Angst oder Schuld zugewiesen werden. Somit kann das einzige Thema im Leben sein, diese beiden Konfliktthemen im Geist durch Erwachen zu überwinden. Wird das jedoch aus seiner inneren Mitte, aus dem Sein-Zustand der Gedankenleere betrachtet, wird man feststellen, dass es nicht möglich sein wird, es aus eigener Kraft zu schaffen.

Das Leben in seiner ganzen Erfahrung ist in einer endlosen Wiederholung gefangen. Doch das ist nicht die Wahrheit und es gibt sehr wohl einen Sinn, dieses Leben bewusst durch alle Prozesse zu erfahren.

Es gibt keinen Unterschied einer Pflanze, welche in der Natur wächst und wieder verwelkt, und einem Menschen. Es gibt in der Welt der Formen keine Rangordnung von bewusster oder unbewusster. Keine Pflanze kümmert es, ob sie gefressen wird oder verdorrt. Sie kennt kein Gestern und kein Morgen. Sie lebt im Jetzt und lässt sich treiben, ohne zu hinterfragen, was die treibende Kraft dahinter ist und wie diese wirkt. Je stärker sich das Denken zum Ausdruck bringt, umso grösser wirkt die Angst durch den denkenden Körper, respektive umso tiefer fällt der träumende Geist in seinen Traum zurück. Jegliche Art von Angst lähmt den Fluss der eigenen Energie und zieht diese zusammen.

Worte der inneren Meditation

Die nachfolgenden Sätze können als Meditation mit in den Tag genommen werden. Sie dienen dazu zu erkennen, wo innerer Frieden eingekehrt ist und wo Worte noch angreifen wollen. Es gibt keine Rangordnung von richtig oder falsch, von Opfer oder Täter, von Schuld oder Unschuld. Die Reihenfolge der Sätze ist zufällig und willkürlich.

- Es kann nie eine bessere Welt geben, als die Welt im Jetzt. Die Welt ist genauso Traum, wie ICH es bin.

- Geisteswandel heisst, nicht die Welt, sondern das Denken über die Welt zu ändern.

- Es gibt nur EINEN kollektiven Traum: die Trennung von der Liebe und dieser braucht eine Berichtigung.

- Unsere Sichtweise auf das Leben ist nur programmiert auf Tod.

- Was wir hier leben, ist nicht das Leben, sondern nur eine Erscheinung (Selbsthypnose).

- Der Mensch versucht die Wahrheit in seine Illusion zu ziehen (bspw. Gott in die Welt, Entscheidungsfreiheit durch den freien Willen).

- Jedes Weltkonzept endet im Chaos, weil die Welt nur auf Angst und Schuld aufgebaut ist.

- Ohne den Glauben an Schuld gäbe es kein EGO.

- Der Wert eines jeden Problems liegt in seiner Besonderheit, die das ICH ihm durch sein Denken gibt. Was ist dann Gesundheit und wo ist mein Konflikt?

- Was bleibt, wenn es keine Ausreden mehr gibt?

- Der einzige Sinn des Körpers ist, sich zu bekämpfen. Jede menschliche Begegnung ist ein Konflikt, der Momente zum Angriff sucht.

- Wenn es nur Projektion gibt, was sind dann Körper und wo denke ich?

Wissen - Verstehen - Integration (Teil 2)

Ein ganz normaler Tag: Teil 2

Im zweiten Teil eines Erfahrungstages werden uns wieder Worte begegnen, welche je nach Bewusstseinsstufe unterschiedliche Bedeutungen haben werden. In den meisten Fällen werden diese einfach gehört, ohne dass ein Bedürfnis nach verstehen aufkommt.

Je mehr ein denkender Geist das Treiben im Aussen beobachten kann, umso eher »leuchten« diese Worte im Bewusstsein auf und suchen nach dem richtigen Verständnis.

Rückblick auf Erfahrungstag - Teil 2

*Schnell ein paar Dehnungsübungen, um die Beweglichkeit auch im **Alter** halten zu können. Viele Artikel beschreiben **Krankheiten** und Gebrechen und wie Mensch dagegenhalten kann. **Genetisch** ist eine Vorbelastung vorhanden, also ist Vorbeugung höchste Priorität. Im Vorbeigang wird die Kaffeemaschine gestartet, bevor es unter die Dusche geht. Die*

Zeit reicht gerade noch, um ein Kaffee zu geniessen, bevor es zur Arbeit geht. Ein paar Kaffee pro Tag soll ja gut sein für das **Herz***. Einfach nicht übertreiben und es wird dienen, statt zu schaden. Welch ein Geschenk, dieses Internet. Hier kann ganz viel nützliches Wissen aufgebaut werden (oder auch nicht)*

Betrachten wir die Worte des 2. Teiles unseres Erfahrungstages etwas genauer.

Alter

Bewusstseins-Stufe: unbewusstes Leben

Unter Alter versteht man etwas, was in der Vergangenheit entstanden ist und die Zeit bis in die Gegenwart überdauert hat. Es ist auch der Lebensabschnitt ab der mittleren Lebenserwartung bis zum Tod. Jede Form, jeder Körper ist dem Alterungsprozess unterworfen. Alter ist eine wissenschaftliche Bestätigung der Zeit.

Bewusstseins-Stufe: Wissen

Mit dem Alter kehrt Weisheit als Lebenserfahrung in das Bewusstsein zurück. Die Lebensenergie verlässt nach und nach den Körper und kehrt ins Bewusstsein zurück. Ein Prozess, bei dem Lebenserfahrung als Wissen gespeichert wird. Der Mensch sucht nach dem Sinn des Lebens.

Bewusstseins-Stufe: Verstehen

Die Lebensenergie wirkt aktiver auf das Bewusstsein und nicht mehr auf den Körper. Der Sinn des Lebens wird ausserhalb der Form erkannt. Der Prozess des Alterns dient nur zur Ablenkung und aktiviert vermehrt Angst.

Bewusstseins-Stufe: Integration

Die Identifikation mit dem Körper als ICH zerfällt und verschmilzt mit dem ICH BIN (Sein). Erkenntnis, dass alles, was als Traum in einer Illusion existiert, nur in einem Traum altern kann.

Erkenntnis

Nur Unwahrheit ist als Illusion oder als globaler Traum der Zeit unterworfen. Alles, was nach dem Zerfall einer Form zurückbleibt, ist getrübtes Bewusstsein, welches den Weg aus der Wiederholung sucht. Getrübt deshalb, weil Bewusstsein immer schläft und somit nach einem anderen und »besseren« Traum sucht. Das Gegenteil von Bewusstsein ist der reine, göttliche Geist. Die Welt und ihre Erfahrungsebenen sind geistlos, weil reiner Geist sich nie in einer Form ausdrücken kann. Wenn Bewusstsein aus seinem Tiefschlaf erwacht, erinnert sich dieses an seinen Ursprung - den reinen Geist.

Krankheiten

Bewusstseins-Stufe: unbewusstes Leben

Krankheiten sind Zustände physischer Störungen und Disharmonien innerhalb des Wohlfühlgefühls einer physischen Form. Sie blockieren ein Gefühl des glücklich seins. Krankheiten zeigen Blockaden des Körpers auf und sind genetisch innerhalb Familienlinien vererbbar.

Bewusstseins-Stufe: Wissen

Energetische Störungen auf der Ebene von Körper, Geist und Seele. Ausdrucksform einer emotionalen, energetischen Störung. Verschlüsselte Botschaften geistiger Entwicklungsprozesse. Spirituelle Aktivitäten können Krankheiten heilen.

Bewusstseins-Stufe: Verstehen

Krankheiten sind lediglich Projektionen, welche aus einem geteilten Geist (Unwahrheit = EGO, Wahrheit = Quelle allen Seins) entstehen. Diese sind gewollte Ablenkungsprozesse des EGO. Sie entstehen aus dem Denken des Opfer- und Täterprinzips. Krankheiten sind keine karmischen Strafen und dienen nur der Erkenntnis, dass es kein ICH geben kann.

Bewusstseins-Stufe: Integration

Jeder Körper trägt alle Krankheitsinformationen aus der Vergangenheit, Gegenwart und Zukunft in sich, weil diese als Opfer-Ideen im kollektiven Bewusstsein des EGO abgespeichert sind. Es gibt keine gesunde oder kranke physische Form innerhalb der Wahrheit. Jede Identifikation mit einem Körper oder einer Krankheit bestätigt die Angst, dass wir getrennt von unserer Quelle sind.

Erkenntnis

Krankheiten sind fest mit der Idee des Lebens über einen physischen Körper verbunden. Es ist ein Ausdruck darüber, dass etwas Ganzes in die Brüche gegangen ist. Der Bruch dabei ist die Idee, etwas Individuelles zu sein, welches linear innerhalb von Zeit und Raum wachsen kann.

Gen / genetisch (DNA)

Bewusstseins-Stufe: unbewusstes Leben

Die DNA (Desoxyribonukleinsäure) ist der physische Bauplan des Lebens und besteht aus chemischen Verbindungen mehrerer Atome (molekulares Gebilde). Durch Zeugung werden erbliche Informationen auf physischer und psychischer Ebene weitervererbt.

Bewusstseins-Stufe: Wissen

Symbol und Bestätigung, dass es ein besonderes ICH gibt, welches in Form und Wesen einzigartig ist. Über die Bewusstseinsarbeit lassen sich genetische Informationen aktivieren oder deaktivieren. Genetik ist dem Konzept des EGO und Glauben unterworfen und wirkt auf dem Magnetismus des Resonanzgesetzes.

Bewusstseins-Stufe: Verstehen

Die Genetik funktioniert nur durch die Bestätigung des Glaubens, dass jeder Körper individuell und einzigartig ist und jegliche Erfahrungen der Wahrheit entsprechen. Sie dient zur Ablenkung vom EGO, dass Körper nur Projektionen sind und schützt sich dadurch selber vor der Desillusionierung.

Bewusstseins-Stufe: Integration

Reines Bewusstsein ist formlos und kennt keine Besonderheit und individuelle Prägungen. Ohne den Glauben an einen Körper, hätte eine DNA-Idee keine Wirkung.

Erkenntnis

Jeder Glaube bestätigt die fehlgeleitete Wahrnehmung im Bewusstsein. Diese folgt einem Angst- und Schuldkonzept. Das Leben als ganze Idee ist Wahnsinn, weil es zersplitterte Formen zum Ausdruck bringt, welche die Ganzheit nicht mehr erkennen kann. Je höher die Idee einer Evolution ist, umso zerstörerischer wirkt diese ins Aussen, weil die Idee von der Besonderheit eines jeden ICH immer »wahnsinnigere« Formen annimmt.

Herz

Bewusstseins-Stufe: unbewusstes Leben

Das Herz ist ein Lebensmuskel (Organ), welches Blut durch den Körper pumpt und mit Sauerstoff nährt. Es schlägt in einem Leben ca. 2.5 Milliarden Mal und transportiert rund 200 Millionen Liter Blut.

Bewusstseins-Stufe: Wissen

Symbol für die Liebesenergie und das Leben, die Ausdauer und das Durchhaltevermögen. Über das Herz-Chakra fördert der Mensch feinstoffliche Liebesenergien. Bestärkt die besondere, überdimensionale Liebe innerhalb der Gefühlsebene.

Bewusstseins-Stufe: Verstehen

Besondere Herz- / Liebesenergie, welche Erwartungen unterworfen ist, entspringt nicht der reinen Liebe. Ein jeder Herzschlag bestätigt, dass der ICH Körper Wahrheit ist. Die Wahrheit jedoch ist jenseits der Form. Unterliegt dem Konzept der Angst.

Bewusstseins-Stufe: Integration

Bedingungslose, ewige Liebe ist nicht an Körper gebunden. Das Herz schlägt für einen besonderen Traum des eigenen ICH. Vergebungsarbeit löst dieses EGO-Konzept auf.

Erkenntnis

Das Herz wird in jeglicher Stofflichkeit und Energieform nur benötigt, um die Reise des ICH durch Raum und Zeit zu ermöglichen. Es beginnt in einem Traum zu schlagen und hört auf in einem Traum zu schlagen. Dass Liebesenergie aus dem Herzen entspringt, ist nur Fiktion einer besonders schönen Vorstellung. Wahre Liebe benötigt keine Herzen und keine Körper - wahre Liebe ist.

Was wir daraus lernen können

Alles, was der Zeit unterworfen ist, widerspiegelt das Thema der Angst in allen Facetten. Ein Körper hat mit der Geburt nur ein einheitliches Lebensziel: den Tod, so grausam das auch klingen mag. Was aus einem Traum geboren wird, muss mit dem Erwachen sterben. Es ist ein Teil des Mikrokosmos, worin der Mensch sich befindet. Der Makrokosmos hat das Gebilde des Lebens als Idee und Vorstellung geschöpft und wird es als solches auch wieder auflösen. Krankheiten stehen nur in einem Konflikt von trennenden Teilkonzepten. Was nicht GANZ ist, muss krank sein. Über die Genetik wird im Aussen versucht, dem Leben einen Sinn oder eine Erklärung zu geben. Diese werden aber nie von Dauer sein und müssen immer wieder korrigiert werden. Der Funktionstrieb des Herzens wird als Lebensmuskel eines Körpers beschrieben. Doch ein gesundes Herz macht noch keinen gesunden Körper und ein gesunder Körper noch kein gesundes Herz. Geistig hat das Herz die Bedeutung der emotionalen Herzensgüte und Herzenswärme und wird auch als überpersönliche Liebe bezeichnet. Wer nicht die Erfahrung der Schau nach innen erfahren hat, wird erkennen, dass es in der Welt des Aussen keine nicht bewertende Liebe gibt. Das heisst, dass die Welt nur eine degenerierte und fehlgeleitete Idee von Liebe kennt. Das besondere ICH wird immer nur die besondere Liebe kennen, welche bewertet und urteilt, aber niemals Liebe sein kann.

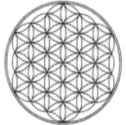

Worte der inneren Meditation

Die nachfolgenden Sätze können als Meditation mit in den Tag genommen werden. Sie dienen dazu zu erkennen, wo innerer Frieden eingekehrt ist und wo Worte noch angreifen wollen. Es gibt keine Rangordnung von richtig oder falsch, von Opfer oder Täter, von Schuld oder Unschuld. Die Reihenfolge der Sätze ist zufällig und willkürlich.

- Welchem Zweck folgt die Geschichte?

- Jeder Mensch »hasst« andere Menschen. Es gibt keine »Gut-Menschen«.

- Das, was die Illusion träumt, ist der Entscheider, welche Formen er im Jetzt für seine Erfahrung benutzen will. Der Entscheider bin ich selber in seiner ungeteilten Form.

- Der Träumer spricht sich selber an und handelt in sich selber durch Projektion. Das ICH als Aspekt ist nur die Marionette dieses Träumers.

- Das ICH und das DU ist das Gleiche.

- Je tiefer das ICH schläft, umso schuldiger nehme ich mich wahr (oder die Welt, die Situationen).

- Jeder Mensch tickt nach dem Prinzip des Mangels.

- Solange ICH hier Genuss wahrnehme, sucht dieses ICH nicht nach einem anderen Weg.

- Bewusstsein ist eingeschlafener Christus-Geist.

- Je aktiver ICH die Welt verstehen will, umso tiefer fällt das Bewusstsein in einen Schlaf. Erst wenn die Bedeutung der Welt in sich zusammenfällt, kann das Erwachen beginnen.

- Die Idee von Bewusstwerdung ist in Wahrheit Geistlosigkeit.

- Dein Ziel war Finsternis, in der kein Lichtstrahl dringen konnte. Du hast eine vollständig schwarze Welt gesucht (Jesuszitat).

Wissen - Verstehen - Integration (Teil 3)

Ein ganz normaler Tag: Teil 3

Im dritten Teil eines Erfahrungstages werden uns wieder ein paar Schlagwörter begegnen, welche durch das richtige Verstehen weitere Zusammenhänge im Bauplan des Lebens oder der Illusion helfen, aus den Wiederholungen zu kommen. Wissen aufbauen ist für alle lernbar. Es zu verstehen und zu integrieren sind Prozesse, welche kein ICH steuern kann. Es passiert oder passiert nicht. Über die Achtsamkeit kann aber jegliche gedankliche Fehlleitung korrigiert werden, was in jedem Fall ein Verstehen und Integrieren aktiv unterstützt.

Rückblick auf Erfahrungstag - Teil 3

Der Zug fährt in ein paar wenigen Minuten ab. Gerade genug Zeit, um noch eine Zeitung zu kaufen. Es ist einer dieser Tage, wo es noch genügend Sitzplätze gibt. Wie gewohnt setze ich mich so, damit ich die Fahrt vorwärts geniessen kann und schlage die Zeitung auf. Die Artikel mit den News überschlagen sich:

- **Religiöse** Fanatiker sprengen sich und viele Menschen und auch Kinder in die Luft.
- Die Kluft zwischen **arm und reich** wird immer grösser. Das reichste Prozent hat mehr Geld als der Rest der Welt.
- Berühmter Schauspieler stirbt an einer Überdosis **Drogen**.
- Wissenschaft gewinnt neue Erkenntnisse über die Genetik des Menschen.

Der Zug hält an. Meine Station. Zu Fuss sind es nur 15 Minuten bis ins Büro. Diese paar Schritte sind genügend Fitness für den Tag, welcher gefüllt mit Sitzungen sein wird. Ein inneres Gefühl sagt, dass für die heutigen Themen alles **Wissen** da ist, um erfolgreich den Tag zu durchlaufen.

Betrachten wir die Worte des 3. Teiles unseres Erfahrungstages etwas genauer.

Religion

Bewusstseins-Stufe: unbewusstes Leben

Kollektive Weltanschauung einzelner Völkergruppen, welche auf Glauben und nicht auf Wissen aufgebaut ist. Menschlicher Versuch, dem Leben einen Sinn zu geben. Ein Ausdruck von »Recht haben wollen«.

Bewusstseins-Stufe: Wissen

Wahrnehmung eines gemeinsamen, übergeordneten Ganzen ausserhalb des physischen Lebens. Alle sprechen vom Gleichen, erschaffen dennoch ein besonderes Anderes. Idee von Richtig oder von Falsch, was in seinem Wahnwitz Kriege auslösen kann. Wenn alles Eins ist, wieso sollten Teile davon bestraft, bekämpft oder ausgelöscht werden?

Bewusstseins-Stufe: Verstehen

Religion untersteht dem Konzept der Manipulation des EGO, dass etwas besonders sein soll. Bestätigung eines getrennten / gespaltenen Geistes im Menschen. Konzept der Macht und der Angst.

Bewusstseins-Stufe: Integration

Religion / Re**Legion**: Geboren aus Kampf und Krieg. Wo das ICH durchschaut wird, aktiviert sich das ICH BIN. Es vernichtet den Glauben und wird zu Wissen. Was Eins ist, kann nie getrennt werden (ausser im Geiste). Handlungen innerhalb eines gestörten Traumes.

Erkenntnis

Wahrheit bekämpft sich nie und trennt nicht nach richtig oder falsch. Religion wirkt aus dem Bewusstsein der Trennung und basiert auf Angriff. Was trennt, greift an. Eine Beurteilung nach richtig oder falsch ist Trennung. Jede Religion folgt einem trennenden Gedanken, obschon die Kernessenz für alle gleich sein sollte. Das zeigt auf, dass Leben niemals liebevoll sein kann und somit dem Hass näher ist als der Liebe. Was auf Uneinigkeit gebaut ist, kann niemals Einigkeit erfahren.

Arm und Reich

Stufe: unbewusstes Leben

Materieller Vergleich von Gütern jeglicher Art (Geld, Nahrung, Eigentum usw.) zwischen Menschen und Völkergruppen. Das reichste Prozent hat gleichviel wie der Rest der Welt. Armut ist eine westliche Definition; ein Wertevergleich über Güter.

Bewusstseins-Stufe: Wissen

Der Begriff von »arm und reich« wird über die Gefühlsebene aktiviert und löst dort Gefühle von glücklich oder unglücklich sein aus. Konzept der Macht, bedrucktem Papier mit einer Zahl so viel Wert beizumessen, dass dieses alle Menschen davon abhängig macht. Spirituelle Bestellungen beim »Universum« zeigen, mit wie viel Glauben ein Mensch an der Wirkung von Geld und Macht festhält.

Bewusstseins-Stufe: Verstehen

Geld ist Energie und diese folgt der Macht des Glaubens. Das besondere ICH träumt von Mangel und begegnet diesem in unterschiedlichsten Situationen. Kraftvolles Instrument der Täuschung, welches geistige und physische Krankheiten auslösen kann. Projektion unseres eigenen, angstvollen Selbst, um sich selber als Opfer zu begegnen.

Bewusstseins-Stufe: Integration

Ein in sich ruhender Geist kann keinen Mangel erfahren, weil kein Vergleich mehr passiert. Es gibt keinen Unterschied zwischen Sein und Haben, ausser dem eigenen Traum - seiner eigenen Illusion. Vergebung schmälert die Idee eines besonderen ICH.

Erkenntnis

Mangel im Denken erzeugt Mangel im Aussen. Wünsche sind ein Ausdruck dieser Mängel.

Drogen

Bewusstseins-Stufe: unbewusstes Leben

Drogen sind wahrnehmungsverändernde Hilfsstoffe (teilweise als Genussstoffe definiert), welche über langfristige Integration im physischen und geistigen Körper Schäden und Krankheiten auslösen kann.

Bewusstseins-Stufe: Wissen

Deaktivieren den Denk- und den Loslass-Prozess (Förderung der Abhängigkeit durch die Bedingung, den ICH-Körper in einen anderen Zustand zu bringen). Suche nach einer Bewusstseins-Veränderung oder »ICH BIN nicht Körper«. Öffnet unter Umständen Tore zu verschlossenen Welten und Gefühlen.

Bewusstseins-Stufe: Verstehen

Die Suche im Aussen über die Welt des Körpers und der Gefühle bringt keinen Frieden im Innen. Ein Gefühl der absoluten Zufriedenheit und Freiheit findet sich in der Meditation der Gedankenruhe. Dieses Gefühl überwindet die Angst und die Ebene der Schuld.

Bewusstseins-Stufe: Integration

Eine dauerhafte Überwindung der physischen Wahrnehmung innerhalb der Illusion ist nur durch erwecken des Bewusstseins aus seinem Traum möglich. Eine Überwindung der Dualität bedeutet eine Neuausrichtung des Geistes. Das bedeutet die Erfahrung, dass Form nicht meine Wahrheit sein kann.

Erkenntnis

Die Suche nach seiner innersten Wahrheit über Drogen führt in eine nächste Sackgasse. Anfängliche Erfolge führen letztlich in die nächsten Erfahrungsebenen von Angst und Schuld. Oft wird dieser geistige Erfahrungsprozess durch den Zerfall des physischen Körpers und dem Ausdruck von Krankheiten begleitet.

Wissen

Bewusstseins-Stufe: unbewusstes Leben

Wissen bringt Ansehen, Ansehen bringt Erfolg und Macht. Wissen und Macht sind ineinander verflochtene Konzepte der Manipulation und haben Einfluss auf Situationen (Objekte) und Menschen (Subjekte). Wissen ist gekoppelt an Fähigkeiten.

Bewusstseins-Stufe: Wissen

Wissen ohne den Glauben daran ist nicht möglich. Jede Ursache erzeugt eine Wirkung im Aussen. Gleiche Ursachen erzeugen gleiche Wirkungsmuster. Ein weiser Mensch ist einem starken Menschen überlegen.

Bewusstseins-Stufe: Verstehen

Aufbau von Wissen ohne dieses zu verstehen oder integriert zu haben, ist Verschwendung von Zeit. Wissen entsteht aus den Konzepten des EGO und versucht, den menschlichen Verstand durch Ablenkung in Wiederholungen zu führen.

Bewusstseins-Stufe: Integration

ICH weiss, dass ICH nichts weiss. Alles Wissen dieser Welt ist bedeutungslos. Wissen folgt der Transformation in bedeutungsloses Wissen durch Verlust der Bedeutung. Was bleibt, ist Zufriedenheit.

Erkenntnis

Wissen folgt einer Fehlinformation, welche das Leben als individuell und bedeutungsvoll betrachtet. Mit der Lenkung der Gedanken in eine absolute Ruhe, erfährt sich Leben in zwei parallelen Erfahrungsebenen: der Weg des physischen Körpers und ein in sich ruhendes Bewusstsein als reines Bewusstsein, das sich aus der Wiederholung durch einen Körper befreien will.

Was wir daraus lernen können

Religionen aller Ausrichtungen behaupten alle von sich, dass sie alleine die Wahrheit durch Wissen kennen. In ihrer Essenz basieren sie alle auf den gleichen Grundlagen und dennoch bestehen sie darauf, dass sie »anders« sind. Alle sprechen von einer unerklärlichen Kraft, welche alles Leben durchfliesst, in seiner Präsenz bedingungslose Liebe ist und nichts und niemand bevorzugt oder bewertet. Eine jede Religion basiert aber auf Glauben und dieser Glauben wird nie Wissen sein. Es sind Annahmen aus Erzählungen und alten Überlieferungen, gebunden an die jeweiligen Interpretationen von Geschichtenerzählern. Alle sprechen von einer ursprünglichen Präsenz, doch alle benutzen dafür andere Namen, obschon alle Welt weiss, dass dieses Etwas keinen Namen haben kann. Weltliche Führer dieser Glaubensgruppen werden ernannt als Vertretung dieses Etwas, um auf der Erde die Worte zu verkünden. »Schäfchen«, welche sich von ihrem Glaubensrahmen zu stark entfernen oder Punkte in Frage stellen, werden korrigiert oder im gröbsten Fall auch bestraft. Wenn man diesen Predigern einmal ganz genau zuhört, merkt man, wie unterschiedlich und individuell die Lehren ausgelegt und interpretiert werden. Niemandem wird wirklich eine einheitliche Erklärung zu Ereignissen und Überlieferung verkündet.

Legen wir diese Taktik des Lebens über den Alltag, so merken wir schnell, wie vielen Ideen und Glaubensmustern wir tagtäglich Aufmerksamkeit schenken, ohne dass wir es hinterfragen? Wenn man sich dabei lernt zu beobachten, wie die Reaktionen, die Körperhaltung und die Gefühle in solchen Situationen handeln, wird das für sich eine eigene Sprache sprechen. Lernen wir aus uns heraus, Antworten zu Situationen selber abzurufen, wird sich zeigen, dass »Bild und Text« miteinander kollidieren. Doch genau vor dem fürchtet sich das Unbewusste im Menschen und versucht, dieser Idee auszuweichen.

Nachdenklich haben uns Begegnungen mit Vertretern von Religionen gemacht, welche über die Gedankenruhe einen Ausblick auf die Wahrheit hinter dem Leben erhalten haben. Diese Menschen erfahren einen riesigen Konflikt mit ihrem Job als Kirchenvertreter und ihren eigenen Erfahrungen. Ob arm oder reich, letztendlich durchlaufen alle die gleichen Erfahrungskonzepte. Die Wahrheit wird den Irrtum immer desillusionieren. Es spielt keine Rolle, wie viel Zeit vergehen wird, bis diese Erkenntnis das eigene ICH konfrontieren wird. Wahrheit und Frieden zu erfahren, ist losgelöst von weltlicher Intelligenz. Niemand wird wissen, ob ein Obdachloser, eine Drogensüchtige oder ein Trinker eine Erfahrung mit dieser Essenz der absoluten Liebe gehabt hat und genau das der Grund war, um dem Körper nicht mehr dieselbe Aufmerksamkeit zu schenken. Wie nah ist uns das Denken, dass diese Menschen zur untersten Schicht der menschlichen Evolution gehören. Doch diese haben vielleicht das erfahren, wo andere in ihrer Arroganz und Eitelkeit scheitern werden, obschon sie sich als sehr »spirituelle Menschen« bezeichnen.

Wer weniger hat, hat oft mehr Glück und Frieden im Leben. Das heisst nicht, dass man alles hinwerfen muss, um ein friedvolles Leben zu erfahren. Das Leben ist der Moment im Jetzt, wie er gerade erfahren wird. Wenn das Gefühl am echten Wert eines »Glücks« zu zweifeln beginnt, beginnt die Leidenschaftslosigkeit und reift zum Bewusstsein der Selbsterforschung. Wer seinen Ursprung sucht, erkennt, dass sein Körper dabei im Weg ist. Eine Flucht durch Betäubung des Körpers wird durch Menschen manchmal als mögliche Variante betrachtet. Doch diese Bewusstseinsveränderung ist nur von kurzer Dauer. Es gibt Wege des Wissens, diesen Zustand ohne Hilfsmittel zu erreichen.

Ein sicherer Weg, um den Frieden in sich herzustellen, führt über die ruhenden Gedanken.

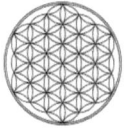

Worte der inneren Meditation

Die nachfolgenden Sätze können als Meditation mit in den Tag genommen werden. Sie dienen dazu zu erkennen, wo innerer Frieden eingekehrt ist und wo Worte noch angreifen wollen. Es gibt keine Rangordnung von richtig oder falsch, von Opfer oder Täter, von Schuld oder Unschuld. Die Reihenfolge der Sätze ist zufällig und willkürlich.

- Das Licht ist in dir. Die Dunkelheit kann es bedecken, aber niemals auslöschen.

- Passiv hinsetzen und warten, dass etwas passiert, bringt dich nicht weiter. Es bedarf einer Aktivität.

- Wenn Schmerz wahr wäre, so gäbe es keinen Gott. Der Körper ist da, um Schmerz zu erfahren und zu bestätigen, dass es keine Quelle der Liebe gibt.

- Es geht nicht darum, den Schmerz zu leugnen, sondern um zu erkennen, dass Schmerz nicht Wahrheit sein kann.

- Ein wacher Geist zeigt sich nicht zwingend in einem gesunden Körper. Ein kranker Körper ist nur ein Symbol - eine Idee - in einer Welt der Projektion.

- Der Unterschied zwischen Magie und Wunder ist, dass Magie das EGO stärkt.

- Es gibt keine spirituellen Menschen. Menschen sind nie spirituell. Nur ein Geist kann spirituell sein und dieser ist frei vom ICH-Gedanken.

- Der Mensch gibt sich über sein Denken einen Sinn, etwas anderes anzugreifen. Der Treiber dazu ist immer die Angst.

- Der Mensch ist eine Figur, welche aus einem Mangeldenken entstanden ist. Diese Figur hat ein Leck, damit immer neuer Mangel einfliessen kann.

- Wenn ICH die Welt betrachte, so sehe ich die Angst aus mir. Das, was ICH sehe, ist MEIN kollektiver Traum.

- Etwas ohne strafendes Denken zu betrachten, würde die Resonanz zu meiner Persönlichkeit auflösen.

- ICH habe Feinde, weil das ICH Feinde braucht, damit dieses ICH seine Besonderheit aufrechterhalten kann.

Wissen - Verstehen - Integrieren (Teil 4)

Ein ganz normaler Tag: Teil 4

Auch im vierten Teil unseres Erfahrungstages werden wir wiederum viele Inputs über Schlagwörter erhalten, welche unser Verständnis dieses wandelnden ICH's auf der Erfahrungsebene des Lebens erklären wird. Es sind weitere Puzzleteile, um aus dem Vielen ein Ganzes zu machen. Immer mehr wird erkennbar, dass restlos alle Begrifflichkeiten an einem roten Faden aufgehängt sind und dass es eine universelle Kraft gibt, welche einerseits versucht, ein globales Verständnis zu verhindern und auf der anderen Seite eine andere Kraft da ist, um alles in sich wieder zu vereinen. Die eine Kraft trennt und die andere verbindet. Nur das Denken zeigt auf, mit welcher Energie wir im Moment verbunden sind. Zeigt es etwas Abgesondertes, Getrenntes oder wird das Einheitliche aufgezeigt.

Rückblick auf Erfahrungstag - Teil 4

*In der Mittagspause zieht ein altes Ehepaar - beide weit über 80 Jahre alt - am Tisch nebenan die **Aufmerksamkeit** auf sich. Beide diskutieren und gestikulieren heftig miteinander. Beide tragen Hörgeräte, bei denen vermutlich die Batterien längst ihren **Geist** aufgegeben haben. Erst bei genauem Hinhören fällt auf, dass er von einer **Geschichte** erzählte, als sie ihre Fahrkarte nicht mehr gefunden hat, als sie auf einer Reise waren. Sie aber antwortete aus einer ganz anderen Geschichte heraus, als sie einen Gegenstand in einem Fundbüro abgegeben hat. Beide gefangen in ihrer Geschichte und ihren **Erfahrungen** und trotzdem in einem gemeinsamen **Frieden**, obschon sie völlig nebeneinander vorbei diskutieren.*

Betrachten wir die Worte des 4. Teiles unseres Erfahrungstages etwas genauer.

Aufmerksamkeit

Bewusstseins-Stufe: unbewusstes Leben

Die Aufmerksamkeit ist ein Beobachten eines Moments, welcher gerade eben passiert. Diese geschieht über die Wahrnehmung auf der Ebene der 5 Sinne. Situationen können Interesse oder Desinteresse auslösen. Aufmerksamkeit passiert im Wach- oder im Schlafzustand. Das Mass über Dauer und Intensität wird durch Konzentration hervorgehoben.

Bewusstseins-Stufe: Wissen

Durch ganzheitliche Übungen wie Yoga, Meditation usw. wird die Aufmerksamkeit gesteigert. Dadurch verändert sich das Energiefeld des Körpers und hat Einfluss auf das Immunsystem. Innere geistige Ruhe verhindert eine Überreizung des Gehirns durch unnötige Informationen.

Bewusstseins-Stufe: Verstehen

Durch Ruhe und Lenkung der Aufmerksamkeit in das Innen, wird eine Veränderung der Wahrnehmung im Aussen ausgelöst. Eine Öffnung der Zugänge zu neuen Lehren durch die Übermittlung von geistigen Lehren. Aktivierung der Medialitätsformen (Hellsehen, Hellfühlen, Hellhören usw.). Überwindung niederer Bewusstseins-Zustände, welche durch die Veränderung der eigenen Frequenzen / Schwingungsmuster verändert werden.

Bewusstseins-Stufe: Integration

Direkte Erfahrung der zwei individuellen Bewusstseins-Kräfte von Trennung (EGO) und Heilung (geheiltes Denkbewusstsein). Erfahrungen, welche über Denkgrenzen hinausgehen, was Heilung oder das Ablegen des Trennungsgedankens für einen tiefgreifenden Frieden, Liebe und Zufriedenheit betrifft. Formen verlieren ihre Bedeutung, was bleibt, ist ein Bewusstsein in Stille.

Erkenntnis

Die Aufmerksamkeit eines getrennten Bewusstseins folgt der Bewegung im Aussen und lässt sich von Situationen und Ereignissen ablenken. Ein geheiltes oder erwachendes Bewusstsein folgt der Stille. Das ICH wird zum Betrachter, während die Gedanken in sich ruhen. In dieser Ruhe hat das ICH seine Achtsamkeit nur seinen Zustand im Jetzt.

Geist

Bewusstseins-Stufe: unbewusstes Leben

Bezeichnung kognitiver Fähigkeiten in der Wahrnehmung, der Erinnerung und der Vorstellung. Ein Geist ausserhalb einer definierten Norm gilt als »geisteskrank«. Die moderne Welt kennt den Geist der Neuzeit, welche dem Urteilen und der Bewertung folgen. Religiöse Verknüpfung einer Idee von Seele und einer Bedeutung des Jenseits, welches nach dem physischen Tod folgt.

Bewusstseins-Stufe: Wissen

Körper, Geist und Seele sind untrennbar voneinander und gelten als Einheit innerhalb derselben Illusion. Anthropologische Frage nach Universalität geistiger Prozesse wird verfolgt. Der Geist hat Einwirkung auf die Moralempfindung. Ein Geist kann über das Denken beeinflusst werden.

Bewusstseins-Stufe: Verstehen

Körper, Geist und Seele gehören zum Einheitskonzept des EGO's, an welchem auch menschlich definierte, geistige Prozesse anhaften. Der Geist in Erfahrung über den physischen Körper wird über das Denken kontrolliert. Über die Praxismethode des Nichtdenkens verliert er seine manipulative Kraft und die Kontrolle auf das ICH. Erkenntnis, dass Religionen mehrheitlich manipulativen Charakter haben, wenn Formen bestätigt werden oder Schuld und Angst als Mittel eingesetzt werden. Wer über Glauben / Geist spricht, sucht im ICH nach der Bestätigung, dass das ICH entscheiden kann, wie mein Weg aussehen soll. Diese Wahrnehmung basiert auf einer falschen Wahrheitsebene.

Bewusstseins-Stufe: Integration

Ein geheilter Geist in seiner Ruhe wirkt jenseits von Formen und folgt keiner Doktrin und erkennt ein SEIN ausserhalb jeglicher Formen. Durch die Lenkung der Aufmerksamkeit des Bewusstseins in das Innen, verliert das ICH seine Bedeutung und geht in das ICH BIN-Bewusstsein als Erkenntnis der Nondualität über.

Erkenntnis

Die Wirkung des Geistes durchfliesst alle Ebenen der Stofflichkeit und wird verwechselt mit Bewusstsein, welches einen Körper als Ausdrucksform benötigt. Je mehr Ruhe über die Gedanken einkehrt, umso mehr ändert sich die Bedeutung dieses Begriffes. Ein anderer Begriff für Bewusstsein wäre Energie. Alle Formen sind vernetzt mit dieser universellen Energie und folgen seinen Impulsen. Dort, wo über Gedanken eine starke Resonanz erzeugt wird, dort wirkt die Energie entsprechend stark auf alle damit verbundenen Lebensformen. Impulse von Angst greifen auf alles über, was sich in der gleichen Resonanzausrichtung befindet. Der Übermittler für die Stärke dieser Impulse ist das individuelle und das kollektive Denken. Die Energie ist dort, wo sich die Gedanken aufhalten. Je mehr etwas in eine bestimmte Richtung über Gedanken korrigiert wird, umso mehr Energie wird auf die ausgleichende Seite fliessen. Licht erzeugt Schatten und Schatten erzeugt Licht. Die Welt liegt im Schatten einer Projektion und Einleuchtungen erzeugen innerhalb des Schattens wiederum Licht. In den Welten der Formen ist immer alles zu gleichen Teilen vorhanden. Nur ein gespaltenes Bewusstsein glaubt, dass es Ungerechtigkeit gibt, das korrigiert werden müsste.

Geschichten

Stufe: unbewusstes Leben

Geschichten sind Erzählungen fragmentierter Erfahrungen eines Denkspeichers. Geschichten wirken glaubwürdig oder lösen Gefühle von Zweifel aus Nacherzählungen von Erlebnissen aus.

Bewusstseins-Stufe: Wissen

Alle Geschichten sind individualisierte und besondere Ansichten, welche aus einem ICH entstanden und einer persönlichen weltlichen Wahrheit oder eine Fantasie entsprungen sind. Es sind verzerrte Wahrnehmungen aus der Sicht eines sich bestätigenden Individuums. Geschichten sind immer an Raum und Zeit gebundene Erzählungen und sind gekoppelt an die hermetischen Gesetzmässigkeiten.

Bewusstseins-Stufe: Verstehen

Geschichten sind Ablenkungen und bewusste Irreführungen, welche dem EGO entspringen. Diese zwingen den Menschen, sich aus seiner Mitte zu entfernen, indem er Situationen nach »richtig« oder »falsch« beurteilt. Sie öffnen gleichzeitig neue Horizonte und ein Bedürfnis, die Wirkungen vom Aussen nach innen zu lenken. Die Wirkung im Innen wird ungleich der Wirkung im Aussen sein. Hier wird das Bewusstsein in eine andere Richtung geführt, welche in sich die Kraft der Unterscheidungsfähigkeit im Bewusstsein und der »gleich Gültigkeit« entwickeln wird (alles was ist, hat innerhalb einer gleichen Illusion die gleiche Gültigkeit).

Bewusstseins-Stufe: Integration

Das individuelle ICH trennt Geschichten in MEINE oder in ANDERE Geschichten. Die Projektion, welche als individuelle Erfahrung ausgesendet wird, hat immer denselben Ursprung. Trennung von MEIN oder DEIN entsteht nur über das Denken. Über die Vergebungsarbeit wird aus Vielem wieder das Eine und Wertungen und Urteile verschwinden.

Erfahrungen

Bewusstseins-Stufe: unbewusstes Leben

Erfahrungen sind durchlebte Handlungen oder wahrgenommene Ereignisse. Die Gesamtheit aller Erfahrungen definiert die Lebenserfahrung. Erfahrungen werden als wahr, unwahr oder neutral wahrgenommen. Eine systematische Bestätigung gleicher Erfahrungen wird wissenschaftlich als belegt bestätigt.

Bewusstseins-Stufe: Wissen

Durch den Austausch von Erfahrungen wird versucht, die Wahrheiten des Aussen und des Innen zu finden. Durch transzendentale Erfahrungen wird die innere Welt der Mystik als Selbst-Erfahrung erforscht. Jegliche Erfahrungen über den Körper sind dem Denken und Fühlen unterworfen. Ohne ein Ausdruck von Gefühl, wird eine Erfahrung kaum als wahr akzeptiert.

Bewusstseins-Stufe: Verstehen

Es gibt keine Erfahrungen, welche nicht Prägungen von Angst und Schuld in sich tragen. Alle Gefühle und Emotionen haben nur Wirkung auf die physische Form und somit das ICH. Spirituelle Erfahrungen sind nur Erfahrungen innerhalb dem Ausdruck des EGO (Illusion, Traum) und heben das »besondere ICH« hervor.

Bewusstseins-Stufe: Integration

Erfahrungen verstehen heisst zu erkennen, dass diese nur Wirkung haben können, solange das Denken aktiviert ist, um die Besonderheit emporzuheben. Die tiefste Erfahrung ist die Erfahrung der Stille - der einzigen Wahrheit innerhalb der materiellen Welt.

Erkenntnis

Erfahrungen benötigen eine Form, einen Körper, um Eindrücke innerhalb einer Zeitlinie als Wahrheit eines fehlgeleiteten Bewusstseins emporzuheben.

Frieden

Bewusstseins-Stufe: unbewusstes Leben

Frieden ist ein gefühlter Zustand zwischen Menschen oder Menschengruppen. Es ist das Gegenteil von Konflikt oder Krieg und basiert auf einer inneren Sehnsucht eines jeden Lebewesens.

Bewusstseins-Stufe: Wissen

Der Unfriede im Aussen zeigt nur die Unruhen persönlicher und kollektiver Konflikte im inneren Denken und Handeln. Die Suche nach dem wahren Ursprung beginnt mit der Suche nach dem inneren Frieden durch die Erfahrung der inneren Ruhe (bspw. Meditation, Yoga, Qi Gong usw.).

Bewusstseins-Stufe: Verstehen

Frieden kann mir nur begegnen, wenn ICH selber zu Frieden geworden bin. Wahrer Frieden ist nie der Zeit unterworfen. Die Welt kann als »Lehrplanet« angesehen werden, um Frieden in sich zu integrieren. Die Welt selber kann deshalb nie friedlich sein. Jegliche Idee von Frieden ist der Angst unterworfen.

Bewusstseins-Stufe: Integration

Frieden kann nur im Innen stattfinden. Dualität erfahren heißt, Konflikt erfahren. Das ICH ist friedlos und angriffreudig. Das ICH BIN erfährt in sich die nächsten Stufen des gefühlten und erfahrenen Friedens, was aber noch nicht Frieden ist. Unfrieden oder Frieden sind Konzepte der Illusion und unterliegen dem Glauben und den Gefühlen.

Erkenntnis

Frieden ist ein Zustand im Denken. Eine Erfahrung des erwachenden Bewusstseins kann keinen Konflikt mehr zeigen, da dieser dort nicht existiert. Integrierter Frieden ist die höchste Erfahrungsstufe des physischen Menschseins.

Was wir daraus lernen können

Achtsamkeit entsteht, wenn die Ruhe des Innen über die Aufmerksamkeit des Aussen gelegt wird. Dadurch entsteht eine veränderte Wahrnehmung. Mit dieser Technik entsteht die Erfahrung, dass zwei verschiedene Bewusstseins-Ebenen parallel wirken. Die eine Wahrheit ist die Wahrheit des Körpers und des Lebens, welche als EGO bekannt ist. Diese Wahrheit der Form benötigt eine lineare Zeit und einen Raum, um sich auszudrücken. Auf diese äusseren Eindrücke wird die Ebene der Gefühle reagieren und im Denken einen Prozess der Beurteilung auslösen.

Die andere Wahrheit ist die Erfahrungsebene eines ruhenden Geistes. In diesem Zustand erfährt sich das Innen und das Aussen als Beobachter, ohne dass Situationen über die Ebene der Gefühle in eine Bewegung oder Bewertung (Urteil) gelenkt werden. Dieser Zustand wird auch Samadhi (Sanskrit) genannt und ist der Bewusstseinszustand, welcher über das Wachsein, das Träumen und über den Tiefschlaf hinausgeht. In diesem Zustand wird Dualität und ihre Wirkung bewusst erkannt und in ihrer Wirkung erfahren. Der Betrachtende und das Betrachtete werden als Eins erfahren. Die Wellen des

Lebens verschmelzen mit dem ruhenden Ozean des Seins. Wo vorher Bewegung war, ist nur noch Stille.

In diesem Zustand nimmst du beide Wahrheiten gleichzeitig wahr, aber erkennst, dass nur eine Ausrichtung dir Ruhe und Frieden bringen kann. Dieser letzte Pfad der physischen Erfahrung wird dich in eine unverrückbare innere Ruhe und in einen inneren Frieden zurückführen. Die Erfahrung dieses SEIN ist kein Zustand, weil ein Zustand ein ICH voraussetzt. SEIN IST!

Worte der inneren Meditation

Die nachfolgenden Sätze können als Meditation mit in den Tag genommen werden. Sie dienen dazu zu erkennen, wo innerer Frieden eingekehrt ist und wo Worte noch angreifen wollen. Es gibt keine Rangordnung von richtig oder falsch, von Opfer oder Täter, von Schuld oder Unschuld. Die Reihenfolge der Sätze ist zufällig und willkürlich.

- Jeder Mensch ist ein Mörder. Wenn es hart auf hart gehen würde, wäre jeder dazu bereit. Auch die Idee, jemanden auf den Mond zu schiessen, ist Mord. Es gibt keine Rangordnung in der Idee, etwas los zu werden.

- Das ICH kann sich gegen Entscheidungen des Träumers (Entscheider) nicht zur Wehr setzen. Wenn uns eine Situation begegnet, so ist diese unveränderbar da.

- Die einzige Wahl, welche das ICH hat, ist die Wahl der Reaktion.

- Die Welt ist so gemacht, damit keine Lösung gefunden werden kann.

- In der Tat ist die Einsicht, dass du nicht verstehst, eine Voraussetzung, um deine falschen Ideen aufzuheben.

- Dem ungeschulten Geist fällt es schwer zu glauben, dass das, was er bildlich vor sich sieht, nicht da ist.

- Solange dein Geist mit gedankenlosen Ideen beschäftigt ist, wird die Wahrheit blockiert.

- Niemand wird den Menschen in der Welt ändern können. Sein Ziel im Dasein ist, Angriffe zu provozieren und somit die Welt als Wahrheit zu bestätigen.

- Wenn der Geist leer ist, sind die Gedanken des EGO wirkungslos.

- Wenn ICH Vergebung verstehen will, muss ich die Beziehung verstehen.

- Jede Beziehung ist eine magische Formel, welche uns vom Ziel ablenkt.

- Die Schuld ist auf der Ebene der Welt nicht sichtbar und hat nichts mit dem Körper des ICH zu tun.

Wissen - Verstehen - Integrieren (Teil 5)

Ein ganz normaler Tag: Teil 5

Im fünften Teil unseres Erfahrungstages erhalten wir weitere Denkanstösse, welche dem Erwachen unseres Bewusstseins dienen. Wenn die vier Ausrichtungen des Geistes einmal geschult sind, wird sich das Denken automatisch verändern, das heisst, die Fragestellungen und Antworten werden in eine neue Richtung gelenkt. Wenn alle bisherigen Begriffe in ihrer Essenz verstanden und integriert worden sind, werden alle folgenden Themen diese neuen gewonnenen Wahrheiten nur noch bestätigen können.

Rückblick auf Erfahrungstag - Teil 5

Nach Arbeitsschluss geht es noch kurz in einen Lebensmittelladen, um etwas einzukaufen. Die einzige offene Kasse wird angesteuert, als von rechts eine Rentnerin ihr Tempo verdoppelt, um eher an der Kasse zu sein. Ihr Einkaufwagen hat sicher das 3-fache an Waren im Wagen, was sofort entsprechende Gedanken auslöst. Das **Schmunzeln** *in ihrem Gesicht zeigt auf, dass sie dieses Rennen als Sieg betrachten konnte.*

*Die eigene **Wut** aussprechen oder schweigen? Da Schweigen Gold sein soll, bleiben die Worte unausgesprochen. Am Förderband werden noch weitere Artikel genauestens studiert und auf das Band gelegt. Einige wandern dann dennoch wieder zurück ins Regal. Tief ein- und ausatmen und ruhig bleiben. Das **innere Lächeln** nicht verlieren. Endlich sind alle Artikel gescannt und es geht um das Bezahlen. Cool zückt die ältere Dame ihre Kreditkarte, welche das Gerät immer wieder auswirft. Nach mehrmaligen Reinigungsversuchen wird die Karte doch noch akzeptiert. Der Code scheint zu stimmen, als das Gerät meldet, dass die Kreditsumme überzogen ist. Den weiteren Verlauf dieser Geschichte und die Flut an Gedanken blenden wir hier mal aus.*

Betrachten wir die Worte des 5. Teiles unseres Erfahrungstages etwas genauer.

Schmunzeln

Bewusstseins-Stufe: unbewusstes Leben

Ein Schmunzeln ist eine Form des Lächelns (Gesichtsausdruck, emotionale Ausdrucksform), welches durch eine Bewertung einer Situation (Scherz, Unverständnis, Kritik, Tadel usw.) ausgelöst wird.

Bewusstseins-Stufe: Wissen

Form zum Überspielen der eigenen Unsicherheit. Unterliegt der Gesetzmässigkeit der Resonanz und der Schwingung. Wirkt magnetisch (anziehend, abstossend, neutral) und unterliegt der Pendelwirkung im Aussen. Ein Schmunzeln ist eine Ausdrucksform, die ein äusseres Ereignis bewertet oder eine Reaktion provozieren soll. Hebt die Individualität des ICH hervor.

Bewusstseins-Stufe: Verstehen

Signalisation von Überheblichkeit oder Unsicherheit kann, wie Humor ein Ausdruck von Leichtigkeit sein. Im Prozess der Vergebung kann ein inneres Glücksgefühl schmunzeln hervorrufen und ist ein Ausdruck von Leichtigkeit.

Bewusstseins-Stufe: Integration

Das innere Lächeln löst einen tiefen Frieden aus. Dieses zeigt einen erleuchteten oder geheilten Geist oder die Buddha-Natur, welche von innen nach aussen zum Ausdruck kommt. Erkenntnis, dass es nie eine Anhaftung gegeben hat.

Erkenntnis

Ein Schmunzeln, welches durch ein Ereignis im Aussen entsteht, wird durch die Anhaftung an einen physischen Körper ausgelöst. Ein befreiter Geist entwickelt sich zum inneren Lächeln, das nach aussen dringt. Beides scheint gleich zu wirken, hat aber einen unterschiedlichen Bewusstseinsgrad.

Wut

Bewusstseins-Stufe: unbewusstes Leben

Wut ist eine gesteigerte Form der Verärgerung durch Verlust der Selbstkontrolle. Unkontrollierte Aggressionstriebe führen zu psychischen und physischen Störungen. Solche Überreaktionen werden oft auch als Charakterschwächen bezeichnet.

Bewusstseins-Stufe: Wissen

Wut ist eine der emotionalen Ebene zum Ausdruck gebrachte Form der Angst und zeigt die Hilflosigkeit oder das Gefühl von Gefangenschaft in einem physischen Körper.

Bewusstseins-Stufe: Verstehen

Wut hat seinen Ursprung im Wirkungskonzept des EGO. Es soll die Individualität des ICH im Aussen zeigen und der Angst Kraft verleihen. Eine unterdrückte Wut kann einen Körper in Krankheitsprozesse führen. Wutausbrüche entziehen dem Körper praktisch alle Energie. Über Entspannungsmethoden lässt sich Wut transformieren.

Bewusstseins-Stufe: Integration

Durch Transformation wird aus Wut Frieden. Nur ein ICH in grosser Angst kann Wut und Angst zum Ausdruck bringen. Vergebung ist das einzig wirksame Instrument für die Transformation von Wut. Alle anderen Methoden suggerieren Vertrauen und legen einen Deckel über die Wut.

Erkenntnis

Wut ist eine Eigenschaft, welche ein jeder Mensch in sich trägt. Eine Unterdrückung führt nicht selten zu Krankheiten, aber ebenso ein unkontrolliertes Ausleben von Wutausbrüchen. Wenn Wut sich zeigt, trage sie nach aussen, aber beobachte sie und dich, wie sie zerstörerisch wirkt. Sei Beobachter und erkenne, was der Auslöser dafür war, aber schiebe nicht ein Ereignis oder eine Situation vor, sondern stelle dir einfach ein paar Fragen, wie beispielsweise:

- Wieso will ICH Recht haben, dass ich wütend werde?
- Ändert sich damit etwas an der Situation?
- Wie reagiere ICH auf Menschen, die ihre Wut unkontrolliert zum Ausdruck bringen?
- Habe ich wirklich so wenig vom Leben verstanden, dass ich dieser Wut immer noch diesen Raum zugestehe?

- Wie gross ist mein innerer Frieden, wenn noch so viel Raum für Wut in mir ist?

Ärgere dich nicht über deine Wut, sondern betrachte diese als Gradmesser für die Entwicklung deines inneren Friedens - deiner Buddha-Natur.

Inneres Lächeln

Bewusstseins-Stufe: unbewusstes Leben

Mentale Übung des inneren Lächelns aus dem Qi Gong, welches dort entspannend wirkt, wo die Aufmerksamkeit hingerichtet ist. Physische Übung zur Hebung der Grundstimmung.

Bewusstseins-Stufe: Wissen

Aktive Übung für die emotionale Integration von Liebe, Freude und Mitgefühl. Wirkt sich positiv aus auf die heilenden Kräfte innerhalb des physischen Körpers. Positive Wirkung auf der Zellebene.

Bewusstseins-Stufe: Verstehen

Bewirkt ein tiefes Verständnis, dass jegliche Arten von Form und Körper, Teil einer globalen Illusion sind, welche korrigiert werden will. Wahrheit und Unwahrheit zeigen gleiche Symptome, jedoch auf verschiedenen Bewusstseinsebenen.

Bewusstseins-Stufe: Integration

Tiefgreifende Erfahrung, dass dieser ICH-Körper ein Teil einer globalen Bewusstseins-Illusion ist und erweckt (geheilt) werden will. Das innere Lächeln entsteht (und bleibt) ab dem Augenblick, wo das träumende Bewusstsein sich seiner Wahrheit gewahr wird und aus dem Schlaf erwacht.

Erkenntnis

Der Moment der Erleuchtung ist kein aktiver Prozess. Er passiert oder passiert nicht. In diesem Moment spielt Zeit und das Sein in einem Körper keine Rolle mehr. Das erweckte Bewusstsein wird seinen Frieden und seine Glückseligkeit nicht mehr verlassen, auch wenn es im Aussen den Anschein macht, dass es noch Momente des Unfriedens gibt.

Was wir daraus lernen können

Frieden ist Abwesenheit von Wut und Zorn. Wer Frieden integrieren will, muss sich mit den Themen ihres Gegenteils auseinandersetzen. Das Eine ist vom Anderen nicht zu trennen und zeigt die gleiche Münze, einmal über die Vorder- und einmal über die Rückseite. Wer sein inneres Lächeln finden will, muss die Mitte dieser Münze finden. Dazu braucht es einen gefestigten Willen und eine grosse Bereitschaft zur Achtsamkeit, um dieses Ziel zu erreichen.

Passivität und einfaches Zuwarten, dass sich von alleine etwas verändert, wird nichts auslösen. Eine aktive Passivität wird vorausgesetzt. Das heisst, dass ein erwachendes Bewusstsein sich auf der einen Seite bewusst wird, dass ein Teil seines Selbst sich in einem Traum gefangen hält. Der aufwachende Teil dieses Bewusstseins muss seine letzten Ängste, Zweifel und Sicherheitsideen verlassen, um tiefen inneren Frieden durch Erwachen zu erfahren. Du kannst es vergleichen mit dem letzten Schritt, wo du erkennst, dass du eingeschlafen bist und die Aufwachphase begonnen hat. In dem Moment steigt die Erinnerung an deine Träume in dein Bewusstsein auf und du erkennst, dass es nur ein Traum gewesen ist. Solange die Augen geschlossen bleiben, ist eine Erinnerung an den Traum noch möglich. Doch es wird dir niemand helfen können, die Augen zu öffnen. Du kannst Ewigkeiten damit verbringen, diese geschlossen zu halten. Aber irgendwann wirst du erkennen, dass dieser letzte Schritt von dir eine Handlung benötigt, damit sie sich öffnen. Eine buddhistische Weisheit besagt, dass ein ungeschulter Geist nichts erreichen wird. Ohne das Wissen der Illusion bleibt der Weg zur Freiheit in den wahren Frieden versperrt. Freiheit findest du nur im Jetzt und ohne einen Blick zurück (Vergangenheit) oder einen nach vorne (Zukunft).

Worte der inneren Meditation

Die nachfolgenden Sätze können als Meditation mit in den Tag genommen werden. Sie dienen dazu zu erkennen, wo innerer Frieden eingekehrt ist und wo Worte noch angreifen wollen. Es gibt keine Rangordnung von richtig oder falsch, von Opfer oder Täter, von Schuld oder Unschuld. Die Reihenfolge der Sätze ist zufällig und willkürlich.

- Die Welt ist nicht der Himmel, sondern die »Hölle«, weil alles hier von der Wahrheit abgeschnitten ist.

- Liebe zwischen zwei Menschen wird in der Hölle geschmiedet.

- Es gibt keine Rangordnung in Beziehungen. Alle Beziehungen basieren auf ihrer Besonderheit und auf Angriff. Heute Liebe und morgen Hass.

- Jeder Mensch lauert auf Verfehlungen des Anderen, um ihn genau dort angreifen zu können. Wir sehen in Allem etwas, das uns nicht passt.

- Erleuchtung nimmt die Wirkung in der Welt weg. Die Welt wird dadurch nicht anders und wirkt als Kostümball weiter, ohne dass diesem eine Bedeutung zukommt.

- Die besondere Liebesbeziehung ist wie ein Sturm im Anhaften der Schuld.

- Für die Freude in uns ist nie das Aussen, sondern nur wir selber zuständig.

- Wir können mit einer Leinwand keinen Frieden schliessen.

- Der Mensch misst die Unschuld an einem Körper und das ist falsch. Ein „unschuldiges" Kind kann später ein Mörder sein. Kein Körper ist unschuldig. Das ist nur eine Wahnidee innerhalb dem Denken.

- Es gibt im Aussen nichts zu korrigieren. Das einzige was wir können, ist im Frieden mit uns selber im Jetzt zu sein.

- Wir haben es nie mit einer konkreten Geschichte zu tun. Versuche die Idee hinter der Projektion zu erkennen.

- Menschen sind wie Kleiderständer. Nur wenn ich etwas aufhängen will, brauche ich die Haken. Sonst gehe ich an den Kleiderständern vorbei (Zitat CC. Jung über die Schuldprojektion).

Wissen - Verstehen - Integrieren (Teil 6)

Ein ganz normaler Tag: Teil 6

Der sechste Teil unseres Erfahrungstages weist uns immer klarer darauf hin, dass es einen schlafenden und einen wachen Teil in unserem Bewusstsein gibt. Je mehr wir es schaffen, nicht mehr in Ablenkung mit Äusserlichkeiten zu kommen und die volle Aufmerksamkeit in der absoluten inneren Ruhe gehalten werden kann, umso klarer wird die innere Sichtweise auf die Welt und ihre Formen. Es erfolgt die letzte Ausrichtung im Geist auf den Prozess des Erwachens.

Rückblick auf Erfahrungstag - Teil 6

Irgendwann am späten Abend kommt die Müdigkeit. Das Bett ruft. Kurz ein Blick auf die Uhr um auszurechnen, wie viel **Schlaf** *geschenkt wird, bevor der Wecker wieder klingeln wird. Zufrieden schliessen sich die Augen und der Schlaf lässt nicht lange auf sich warten. Ein plötzliches Geschrei holt diesen friedlich in sich ruhenden Körper zurück in die* **Welt.** *Das Herz rast und ein Blick auf die Uhr zeigt an, dass es kurz vor Mitternacht ist. Der Nachbar ist* **nach Hause** *zurückge-*

kehrt und schreit mit seiner Frau quer durch ihre Wohnung. Alle Fenster sind geöffnet, so dass das ganze Quartier zuhören muss. Streit ist das nicht. Es ist ihre Art zu diskutieren und Meinungen müssen laut kommuniziert werden. Innere Wut zeigt sich und an Schlaf ist vorerst nicht mehr zu denken.

Betrachten wir die Worte des 6. Teiles unseres Erfahrungstages etwas genauer.

Schlaf

Bewusstseins-Stufe: unbewusstes Leben

Über den Schlaf und zur Unterbrechung eines Tagesablaufes durchläuft der Körper eine Regenerationsphase, die als Schlaf bezeichnet wird. Die Schlafphasen verlaufen zyklisch (Einschlafphase, Übergang in Tiefschlafphase, Tiefschlaf, Traumschlaf, Aufwachphase).

Bewusstseins-Stufe: Wissen

Schlaf fördert die Heilung des Körpers über die Abstimmung mit der inneren Organ Uhr. Für das Bewusstsein gibt es keinen Unterschied zwischen Wach- oder Schlafphasen. Verarbeitung des Tagesgeschehens aus dem Unterbewusstsein vor der Tiefschlafphase.

Bewusstseins-Stufe: Verstehen

Menschen, welche ihre Aufmerksamkeit in der Gedankenruhe halten können, nehmen weniger Reize in Form von Bildern aus dem Tagesgeschehen auf. Dadurch tauchen sie früher in die Tiefschlafphase ein und benötigen dadurch weniger Schlaf. Integrierte Gedankenruhe verlangsamt die äusseren

Merkmale des Alterungsprozesses. In der Tiefschlafphase zieht sich das ICH-Bewusstsein aus dem physischen Körper zurück.

Bewusstseins-Stufe: Integration

Nicht die Anzahl Stunden Schlaf sind bedeutungsvoll für das Wohlfühlen im Körper, sondern der Frieden in dir, mit dem du einschläfst. Schlaf ist ein Dauerzustand des Bewusstseins im Körper. Ob Schlaf- oder Wachzustand: beides sind nur Projektionen des Denkens.

Erkenntnis

Es gibt keinen Unterschied zwischen einem individuellen ICH-Traum und dem universellen oder kollektiven Traum. Beide Zustände sind nur Energiereflektionen, über welche alle Formen energetisch vernetzt sind. Diese Impulse werden über die Gefühlswelt als individuelle Erfahrung wahrgenommen.

Welt

Bewusstseins-Stufe: unbewusstes Leben

Wahrnehmung einer Heimatstätte aller grob- und feinstofflichen Formen, welche durch Evolution über eine Achse der Zeit entstanden ist. Planeten bewegen sich um die Achse einer Sonne und ermöglichen oder verhindern Leben.

Bewusstseins- Stufe: Wissen

Welten unterstehen den hermetischen Gesetzen von Geistigkeit, Entsprechung, Polarität, Rhythmus, Schwingung, Geschlecht, Ursache und Wirkung. Es gibt nichts ausser Energie in unterschiedlichsten Ausprägungen. Energie ist Form und Form ist Bewusstsein. Alles ist Bewegung und untersteht den Gesetzmässigkeiten von Raum und Zeit.

Bewusstseins-Stufe: Verstehen

Dass das Universum sich ausdehnt, ist ebenfalls der Illusion unterworfen. Ausdehnung ohne Glauben daran ist nicht möglich. [4]Die Idee, dass das Bewusstsein die Treppen der Dimensionen aufsteigt und die Leben eines ICH's sich entwickeln, geschehen nur im Traum des EGO.

Bewusstseins-Stufe: Integration

Das gesamte Universum unterliegt dem gleichen Konzept der Täuschung und ist aufgebaut aus der Wirkung von Angst und Schuld. Dieses Konzept wirkt im Kleinen wie im Grossen (Mikro- und Makrokosmos). Mit der Ausrichtung des Bewusstseins nach innen wird die Wirkung umgekehrt.

---

[4] Solange ein Mensch nicht erwacht ist, ist alles Sicht- und Wahrnehmbare Wahrheit. Der Prozess der Desillusionierung geschieht unerwartet und kann selber nicht aktiviert werden.

Erkenntnis

Die Welt, wie der Mensch sie durch seine Sinne wahrnimmt, ist ein Konstrukt reiner Magie. Sie ist und war nie das, was unsere Wahrnehmung daraus erkennen kann. Das EGO als Magier hat hier eine praktisch perfekte Illusion erschaffen, indem es sich in unendliche Teilaspekte projiziert und seinen Traum von Zeit und Raum immer und immer wieder in unendlichen Rollen erfährt. Es benutzt dabei die Welt der Gefühle und das Denken, damit dieser Traum als wahr angenommen wird und praktisch nichts und niemand das Gegenteil beweisen kann. In der äusseren Welt wird das auch nie möglich sein. Doch der Geist im Traum vergisst seine Quelle nie und wird diese immer suchen. Es passiert meistens zufällig, dass ein Bewusstsein sich seines Traumes gewahr wird. Es hat nichts damit zu tun, dass etwas gefunden werden müsste, was immer schon da war. Erst wenn aus der Stille das Aktive zum Beobachtenden wird, kann erkannt werden, dass es in dieser Welt nur EIN Thema gibt: die Angst und die Projektion von Schuld. Je länger diese Beobachtung dauert, umso klarer wird die gesamte Wahrnehmung über alles Leben und ihrer Formen. In dem Moment wird auch die wahre Quelle erkennbar. Über eine lange Zeit haben wir sogenannte Erleuchtete auch belächelt und ihre Worte als unverständliche, verwirrte Ausdrücke einer imaginären Wunschwelt beurteilt. Irgendwann haben diese Worte einen Klang ausgelöst, diesem

Rätsel auf die Spur zu gehen. Das Leben wurde zu einem Experiment und die Erfahrungen wurden zu Wundern. Erst nach sehr vielen Jahren hat die Welt, wie sie wirkt, ein Gesamterscheinungsbild erhalten und wir korrigierten unsere alte Sichtweise und unser Belächeln über andere Menschen, die diese Einleuchtungen in die Schattenwelt ebenfalls erfahren durften. Und es sind mehr als wirklich bekannt sind. Viele von ihnen wurden psychologisch betreut von Menschen, die diesem Gedankengewirr nie folgen konnten. Andere von ihnen landeten gar in der Psychiatrie und sind medikamentös in einen Dämmerzustand sediert worden.

Wer seinen Sinnen vertraut, wird immer durch das Rad der Wiederholung verführt werden. Das wichtigste Instrument des Menschseins sind seine Sinne. Je nach Ausrichtung werden sie den Menschen in seinem Traum festhalten oder aber erwachen lassen.

Nach Hause kommen

Bewusstseins-Stufe: unbewusstes Leben

Platz und Rückzugsort des persönlichen Lebens. Wohnort für Menschen und andere Lebewesen. Religiöser Ort ausserhalb des physischen Lebens.

Bewusstseins-Stufe: Wissen

Erinnerung an einen Zustand ausserhalb des irdischen Lebens. Körper-Geist-Seele sind EINS und befinden sich in unterschiedlichen stofflichen Ebenen. Ort der Quelle aller Schöpfungen.

Bewusstseins-Stufe: Verstehen

Das wahre »Zuhause« ist ein geistiger Ort, jenseits jeglicher Vorstellungskraft, vergessen durch eine Trennung im Bewusstsein. Das wahre Zuhause ist weder einem Gefühl, noch einer Emotion unterworfen und ist auch kein Ort, sondern ein Zustand im reinen Geist.

Bewusstseins-Stufe: Integration

Das wahre Zuhause ist eine Ebene, wo das alles durchdringende, höchste Bewusstsein in seinem Zustand als Nichts (reiner Geist) verweilt. Da ist keine Bewegung, keine Handlung, keine Ausrichtung und es existieren keine Formen oder Besonderheiten. Ein Zustand als Sein, welches nichts und alles in sich birgt.

Erkenntnis

Das »wahre Zuhause« ist kein Ort, den man aufsuchen oder finden kann. Jegliche spirituellen Handlungen und Übungen sind aussichtslos. Eine Handlung benötigt eine Form und kann so niemals absichtslos sein. Wenn es keine Rolle mehr spielt und alle Aktionen und Reaktionen in einer Gleichgültigkeit erfolgen (egal welche Ausrichtung eine Situation annimmt), so ist diese in einem reinen Bewusstsein in gleichem Masse gültig. In diesem bewussten Zustand der Mitte beginnt sich die letzte Resonanz in Form aufzulösen und geht ein in den Endzustand des Erwachens. Dieser Zustand löst nach und nach alle dazugehörigen Erfahrungen auf.

Was wir daraus lernen können

Alles, was der Mensch jemals wahrnehmen kann, wird immer in einem Zustand des Schlafes stattfinden. Was sich bewegt, sind nur Gedanken, welche sich innerhalb dieser Traumsequenz bewegen. Diese Aussage erinnert an eine Fiction; eine Erschaffung einer Fantasiewelt. Da Menschen die Welt rational und über ihre Gefühle erfahren, wird dieser Illusionsgedanke kaum eine Resonanz auslösen können. Dass jenseits jeglicher Logik eine andere Erfahrungsebene existiert, löst eher ein bemitleidendes Lächeln aus, als dass der Versuch gestartet würde, diese zu erfahren. Würde man die Menschen dazu zwingen, eine Grenzerfahrung zu machen, würde diese Idee Wut und Aggressivität auslösen.

Das Konzept des EGO scheint perfekt und undurchschaubar für die Ewigkeit aller Zeit erschaffen worden zu sein. Was als letzte kleine Erinnerung noch vorhanden ist, soll weiter so getrennt werden, dass letztendlich nichts mehr als einem feinen Gefühl bleibt, welches ein »Aufwecken« möglich macht.

An dieser Stelle kann man sich die Frage stellen, ob es eine Bedeutung hat, ob ein Bewusstsein »schläft« oder »erweckt« ist? Die Antwort wäre klar: »Nein«

Es passiert, wenn es passieren soll oder passiert nicht, wenn es nicht sein soll. Das etwas so ist, wie es ist, hat keine rational erklärbare Logik. Es ist dem Menschen wohl möglich, die Erfahrungen dieser beiden Bewusstseinszustände kennen zu lernen. Er wird auch durch geistige Bewusstseinsprozesse und tiefe inneren Erfahrungen aus den Wirren des Denkens herausgeführt. Aber was er nie bewusst erfahren wird, ist die Befreiung aus dem Traum. Denn in dem Moment, wo sich dieses Erwachen vollzieht, sind jegliche Erinnerung und jegliche individuelle Anhaftung an eine Form verschwunden.

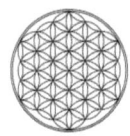

Worte der inneren Meditation

Die nachfolgenden Sätze können als Meditation mit in den Tag genommen werden. Sie dienen dazu zu erkennen, wo innerer Frieden eingekehrt ist und wo Worte noch angreifen wollen. Es gibt keine Rangordnung von richtig oder falsch, von Opfer oder Täter, von Schuld oder Unschuld. Die Reihenfolge der Sätze ist zufällig und willkürlich.

- Das ICH will gewinnen, sonst würde es nicht mitspielen.

- Das Gefühl von »Opfer sein« macht das Aussen zur Wahrheit.

- Das EGO kämpft über seine aufgespaltenen Aspekte mit sich selber. Du brauchst nichts gegen das EGO zu tun. Das EGO ohne Aufmerksamkeit ist lediglich Leere.

- Jede Form verbirgt nur einen leeren Inhalt.

- Angriff erfolgt immer aus einem mangelnden Verständnis.

- Der Mensch erkennt keine Leere, nur Probleme. Erst bei einem klaren Geist erkennt er die Probleme als Leere.

- Die schönste Erfahrung eines Menschen ist, dass er andere Menschen mit Recht hassen darf.

- Wenn der Mensch kämpfen will, so darf er das tun, jedoch soll er die Erwartung an das Ergebnis aufgeben.

- Wenn ICH in eine Kirche gehe, um einen magischen Gott anzubeten, so hat das nichts mit spirituell zu tun. Nur die Haltung im Geist kann spirituell sein.

- Das EGO lässt sich nie enttarnen, wenn wir nicht in einem jeden Augenblick aufmerksam sind.

- Sieh die Hindernisse an und sei sanft und mild. Keine Situation kann urteilslos sein.

- Schmerz kommt aus dem sich irren. Der Unfriede und die Trauer entsteht im Denken. Frieden ist nur in der Wahrheit zu finden.

Spirituelle Fallen

Seit Anbeginn der Evolution des »modernen Menschen« wurden spirituelle Praktiken entwickelt und gelebt. Alle Urvölker und Völkergemeinschaften haben ihre eigenen Rituale, welche irgendwelchen Ahnen oder unsichtbaren Mächten huldigen. Im Grundsatz basiert alles auf den gleichen Eigenschaften:

> Die Angst vor der endgültigen Auflösung des
> ICH nach dem physischen Tod und vor
> der Strafe, das Leben nicht »gut« gelebt
> zu haben (Angst vor der Strafe eines
> höheren Gerichts).

Die Welt der Spiritualität, wie sie heute gelebt wird, hat praktisch immer einen religiösen Hintergrund oder begründet auf fernöstlichen Lebensphilosophien. Welche Lehren die Achtsamkeit auf sich zieht, untersteht wiederum dem Prinzip des Zufalls und nicht des freien Willens. Diese durchlaufen als Energiefeld das persönliche Kraftfeld und wirken polarisierend. Dieser Prozess wiederum wird die Ebene der Gefühle in Schwingung versetzen und das Denken wird diesen Input interpretieren und entsprechend weiterverfolgen. Nichts und niemand kann sich diesen Impulsen widersetzen.

Es gibt unendlich viele spirituelle Themen, welche uns begegnen können. Über eine lange Zeit konnten wir selber diese Themen nur über das personifizierte ICH-Bewusstsein betrachten. Die jeweilige Situation wird über die Ebene der Gefühle beurteilt. Erst in einer fortgeschrittenen Phase, als die Gedanken soweit kontrolliert werden konnten, dass diese sich nicht mehr bewegten, wurde uns klar, dass eine weitere Bewusstseinsebene parallel wirkt und eine Betrachtung aus der Ruhe heraus die Wahrnehmung vollständig verändert. Ab dem Moment war es uns möglich zu unterscheiden, ob das Danken vom Bewusstsein des EGO oder dem Bewusstsein der Korrektur - oder wie es Christen nennen würden, durch den Heiligen Geist - die Impulse oder Eindrücke in unserem Hirn verfolgt und in Bewegung versetzt.

Doch bevor der Geist der Bewegung nicht zum Stillstand gebracht werden kann, ist es kaum möglich, sich mit spirituellen Themen zu befassen. Anfangs versteht der Mensch unter Spiritualität die Schulung eines geistigen Bewusstseins, welches den Körper durch die Erfahrungswelten bewegt, mit dem Ziel, seine Reise dort zu beenden, wo es ausgesendet worden ist. In seiner Quelle, in seinem Ursprung oder seiner

Göttlichkeit. All das sind nur Namen und Begriffe, welche einen Zustand beschreiben wollen, der nicht in Worte gefasst werden kann.

Im Denken des Menschen hat Spiritualität viele Arten, wie sie sich zum Ausdruck bringen will. Es gibt keine richtigen oder fehlgeleiteten Spiritualisten. Ob es sich - wie wir sie nennen - um spirituelle »Eso-Hysteriker« handelt, welche hüpfend über Wiesen springen und alles nur in Liebe sehen möchten, oder solche die Wasser in Badewannen in Bewegung setzen und dieses als Heilwasser verkaufen. All jene Menschen unterscheiden sich dennoch nicht von all den anderen. Sie haben einfach einen anderen Ausdruck gefunden, ihren »Wahnsinn im Aussen« zu zeigen, den andere als »nicht normal« bezeichnen. Da kommt gleich wieder unsere Standardfrage auf: »Was ist normal? Definiere normal!« In all den Jahren hat es letztendlich niemand geschafft, diese scheinbar einfachste Frage überzeugend zu beantworten.

Praktisch alle spirituell Suchenden hatten Momente der Erkenntnis und dachten, dass das die letzte Stufe der Eingebung und Erleuchtung war. Sie verkaufen dann ihre Eingebung in Schulungen. Werden Selbständig und merken bald einmal, dass sie nicht immer nur das Gleiche erzählen können. Dann beginnen sie neue Gedankentheorien zu schöpfen und erklären das zu Eingebungen, welche von »Oben« empfangen wurden. Sie selber werden zu Märchenerzähler. Schöpfer und Gefangene ihrer eigenen Wunschwelt. Und die Schülerschar versammelt sich um sie herum wie Fliegen auf einem grossen Kuhfladen und glaubt, dass das der richtige und einzige Ort dieser Welt ist, wo das Leben einen Sinn macht. Einige fliegen weiter und finden andere Kuhfladen, die sie nähren. Doch nur diejenigen, welche den Mut haben, sich zu lösen, fliegen vielleicht einmal höher und erkennen, dass es viele dieser Fladen gibt und die eine oder andere Fliege hat die Erkenntnis, dass es sich letztlich bei vielen immer nur um »Scheisse« gehandelt hat, aber die Essenz von allem ganz auf einer anderen Ebene zu finden ist. Denn ab und zu finden sich auch Früchte, welche die Süsse der Wahrheit in kleinen Einheiten weitergeben. Doch den Unterschied vom Abfall zur Wahrheit wird ein jeder selber in sich finden müssen. Es spielt keine Rolle, in welche Richtung der Mensch sich über seine Vorstellung von Geistesschulung hin bewegt. Solange Bewegung da ist, folgt diese aber immer einem fehlgeleiteten Verstandesbewusstsein. Dennoch finden sich in allen Techniken und Basislehren immer Teilwahrheiten, die jedoch erst erkannt werden können, wenn der Rahmen seiner Vorstellung seinen Rahmen verloren hat.

Damit dieses Übergeordnete wahrnehmbar wird, muss man die Idee der Welt und das Leben darin vollständig auf den Kopf stellen. Das heisst, seine Aussensicht aufgeben, um eine Innensicht zu erhalten. Der **kleinste Schritt** dazu ist, die Gedankenleere fest zu integrieren. Das bedarf einer langen Zeit der Übung, bis der Normalzustand im Denken Ruhe und nicht Aktivität ist. Wer hier scheitert, wird unausweichlich immer dem Rad der Wiederholung folgen. Die meisten werden hier wohl sofort kapitulieren und sagen, dass es nicht möglich sein wird. Erkenne diese Stimme in dir als dein EGO, welches alles daran setzen wird, dich von diesem Schritt abzuhalten. Es wird dir vielleicht sogar zuflüstern, dass dieser Weg »lebensbedrohlich« sein kann. Auf seine Art ist das sogar korrekt, weil dadurch die Kraft des EGO in seiner Wirkung auf dich an Energie verlieren wird. Doch dieser Prozess ist normal und gehört zum Erwachen aus dem Schlaf der Illusion; aus dem Schlaf einer magisch und hypnotisch wirkenden Welt, welche ihre Grundsatzthemen der Angst und der Schuld niemals ändern kann.

Betrachte dich und deine Haltung in dieser Welt.
Dein Ziel ist es, diesen deinen Körper in einem
Überlebens- und Wohlfühlmodus zu erhalten.
Deine innere Haltung aber ist immer programmiert

auf Angriff. Egal wie sehr dein ICH behauptet,
jemanden bedingungslos zu lieben, DU wirst
alles und jeden angreifen, der dich in deinem Wohlfühlzustand bedroht oder bedrohen könnte.

Die grösste spirituelle Falle ist zu glauben, dass man ein Verständnis über die Welt und das Leben erhalten kann, indem viele Techniken erlernt werden. Letztendlich werden all diese gegen eine Wand fahren und enden für den Körper tödlich. Die Welt ist so einfach gestrickt, dass niemand es glauben und so annehmen kann, wie es ist.

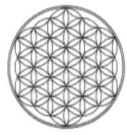

Erleuchtung durch Einleuchtung

Um Erleuchtung zu verstehen, benötigt es Momente der Einleuchtung. Das bedeutet, zu verstehen, woher die Bewegung unserer Gedanken und unseres Körpers wirklich kommen. Steht da ein individuelles Bewusstsein mit einem freien Willen, welches durch Zeit und Raum reist oder ist das nur eine Idee einer Besonderheit, die von ausserhalb gelenkt und gesteuert wird? Dein EGO wird sich sofort melden und dir erzählen, dass es sich wieder nur um eine weitere Theorie handelt und du dem keine Aufmerksamkeit schenken sollst. Einleuchtende Momente werden auch immer wieder durch Phasen des Vergessens gezogen, um die Erinnerungen an die wahre Freiheit des Geistes wieder zu löschen.

Wenn etwas »erleuchtet« werden kann, bedeutet das, dass etwas von uns in der Dunkelheit liegt und sich versteckt, dass es nicht erkannt werden kann. Das Leben, welches sich im Aussen abspielt, kann demnach nicht erleuchtet sein, weil es als Wahrheit keine Erleuchtung erfahren könnte. Das heisst aber auch, dass das Leben, so wie der Mensch es erfährt, im Schatten von etwas »Grösserem« liegen muss. Was im Schatten liegt, kann nicht klar erkannt werden. Das wiederum würde heissen, dass die Welt nicht lichtvoll, sondern Dunkelheit ist und diese wiederum der Nährboden von Angst ist. Betrachten wir uns selber und die gesamte Welt, so erkennen wir ohne grossen Aufwand diese globale Angst, welche sich wie einen roten Faden quer durch unser gesamtes Leben hindurch zieht. Angst vor Verlust, Trennung, Krankheit, Einsamkeit, dem älter werden oder dem Sterben.

Einleuchtungen sind Momente, welche ein Licht in die dunklen Ecken des Lebens werfen und einen äusseren Zustand korrigieren, der anders ist, als er vorher wahrgenommen wurde.

Das Rad der Zeit

Wenn wir das Rad der Zeit aus dem Schatten heraus betrachten, so wird man die Zeit als lineare Bewegung erkennen. Form entsteht durch die Geburt oder die Entstehung und vergeht mit dem Tod oder der Auflösung. Das, was sich dazwischen bewegt, sind die Gedanken und die Erinnerungen, wie etwas wahrgenommen wird oder gewesen sein könnte. Diese Erinnerungen entstehen, werden korrigiert und vergehen wieder. Somit ist alles Wissen ebenfalls einer Vergänglichkeit unterworfen und kann nie wahr sein. Der Grund dafür ist, dass ein jedes Individuum seine Sichtweise immer anders wahrnimmt, auch wenn es nur kleine Abweichungen gibt. Das bedeutet auch, dass Menschen die Wahrheit nicht erfassen können und sich in ihren Gedankenkonstruktionen verfangen oder verirren. Die Welt des Menschen baut auf einem verwirrten Gedankenchaos auf, welche sein Gehirn interpretiert und als fehlerhaftes Bild übermittelt.

Linearer Verlauf von Zeit		
Vergangenheit	Gegenwart	Zukunft

Neben der Zeit bekommen noch Raum und Dimension eine Bedeutung, damit das Leben in seiner Form in einer scheinbar unendlichen Fülle sich entwickeln und wachsen kann. Wenn dieser Idee vom Leben noch eine unsichtbare Kraft oder Macht übergestülpt wird, so ist das Gebilde von einem Leben innerhalb der Angst perfekt, zumal die Welt unserer Gefühle diesen Zustand in einem jeden Moment bestätigt.

Es gibt viele Fragen, die der Mensch versucht zu vermeiden oder wo er rasch wieder aufgibt, nach Antworten zu suchen, wie: Was ist der Sinn des Lebens, wenn ein Mensch in absoluter Vergessenheit über all das Vergangene auf diese Welt kommt? Kann es Karma wirklich geben und auf welcher Basis wäre diese Idee aufgebaut? Gibt es ein Schicksal und was wäre dessen Hintergrund? Wieso sollte es eine göttliche Strafe geben?

Wären wir in einer Welt des Lichtes, so gäbe es nichts, was versteckt wäre und gefunden werden müsste. Somit kann man sagen, dass unsere Wahrnehmung, in einer lichtvollen Welt zu leben, nur eine Idee sein kann. In Wahrheit ist die Welt ein Schatten und liegt in der Dunkelheit eines grösseren Ganzen. Doch was ist es, das diesen Schatten projiziert und wo findet sich dieser »Projektor«?

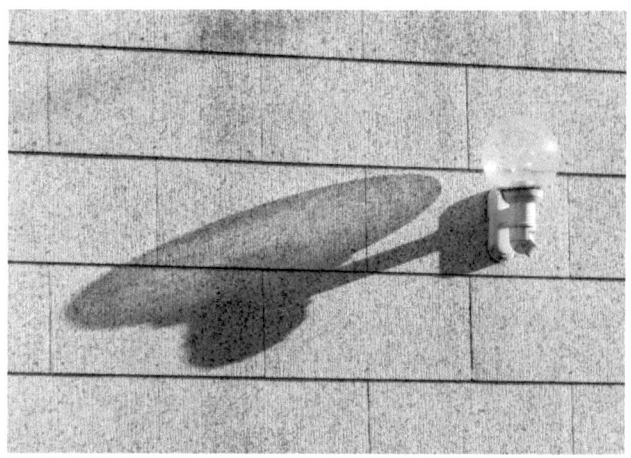

Wenn wir dieses Bild betrachten und die Welt als das sehen, was sie wirklich ist, so erkennen wir den Schatten der Welt. Wir leben in einer Schattenwelt, welche durch eine Projektion von Zeit und Raum, von Subjekt (Personen) und Objekt (Situationen) bestrahlt wird. Das heisst aber auch, dass ohne diese Projektion nichts wäre, ausser Leere oder bildlich gesagt: eine leere Leinwand. Wir nennen die Lichtquelle, die ihre Schatten wirft: EGO, Illusion, Magie oder der Traum dieser Welt. Das, was wir wahrnehmen und als Wahrheit durch unser Sein und unsere Wahrnehmung erfahren, ist nur eine Projektion auf einer Leinwand, welche ihre Rolle in einer Filmsequenz wahrnimmt. Durch die Identifikation mit dieser Rolle entsteht die Bedeutung eines individuellen ICH's, welches sich scheinbar frei durch Raum (durch Projektion auf eine leere Leinwand) und Zeit (im Gefühl einer Handlung) bewegt. Doch letztendlich ist es der Film, der bewegte Bilder sendet und das Denken, das diese Erfahrung zur Wirklichkeit macht.

Rasch kommt vielleicht das Denken auf: »Was für ein Schwachsinn«, und diesem Denken geben wir völlig Recht. Aus Sicht nur über diese Optik wäre das ganze Konstrukt wirklich sehr unglaubwürdig. Doch die Idee der Projektion ist erst ein winziger Teil der ganzen Wahrheit, die wir noch näher betrachten werden. Wie kommen wir nun zu dieser »Behauptung«? Die Antwort ist hier wieder: Durch einen in sich ruhenden Geist, welcher frei von Gedanken ist. Diese Erfahrung ist das, was die grossen Weltenlehrer wie Jesus, Buddha, Ramesh Balsekar, Osho, Sokrates u.v.a. erfahren und beschrieben haben. Diese Erfahrung ist weder ein Geschenk noch ein Verdienst aus irgendwelchen spirituellen Übungen, sondern entsteht alleine aus der Optik eines in sich ruhenden und unbewegten Geistes. Die Welt wird dadurch weder besser noch erfährt der Körper eine Heilung. Das, was passiert, geschieht ausserhalb des Wirkungsfeldes des Körpers als Geist in Bewusstwerdung. Die Wirkung kann sich nur auf einen Moment fokussieren oder bleibt über eine längere Zeit aktiv.

Es ist nie möglich, den Zustand aus eigener Kraft halten zu wollen. Diese Erkenntnis ist oder sie ist nicht.

Aktivierung der Gedankenleere

Um dahin zu arbeiten, bedarf es der Disziplin und der Ernsthaftigkeit, diesen Erfahrungszustand erreichen zu wollen. Es ist nicht mit Leichtigkeit, aber in Leichtigkeit zu schaffen. Durch das tägliche Üben werden sich die Gedanken mehr und mehr in dir beruhigen. Von Beginn an sollte das Üben der Gedankenruhe in einer sitzenden Position sein. Liegend ist nicht empfehlenswert, da diese Lage auch immer mit schlafen verbunden wird. Der Rücken sollte gerade und die Sitzposition auf einem bequemen Untergrund sein. Wenn es dienlich ist, können die Übungen durch Musik im Hintergrund begleitet werden. Dazu sollte man ruhige und nicht rhythmische Musik beiziehen, die weder zum Mitsingen noch Mitsummen animieren. Die Augen sind geschlossen und wir werden innerlich immer ruhiger. Die Atmung fliesst langsam durch die Nase ein und durch den Mund wieder aus. Dabei sinken wir immer tiefer in eine Ruhe und achten dabei nur auf die Atmung, wie sie ein- und ausfliesst. Die Umgebung um uns wird wahrgenommen, aber die Gedanken gehen nicht auf sie ein. Wenn die Gedanken abschweifen, werden sie ruhig wieder zurückgenommen. Wir bleiben ruhig und ärgern uns nicht über diese Abschweifungen.

Diese Übung sollte in ein tägliches Programm eingebaut werden. Der idealste Zeitpunkt am Morgen ist der in der Frühe, wenn die äussere Welt noch ruhig ist. Am besten immer um dieselbe Zeit und idealerweise auch am selben Ort. Dadurch werden der Zustand der Gedankenfreiheit und die damit verbundene Zufriedenheit immer schneller kommen. Empfohlen wird mit 15 Minuten zu starten und es nach und nach auf 90 bis 120 Minuten auszubauen.

In dieser Ruhe wird das vorher Aktive nun zu einem passiven Beobachtenden. Aus dieser Stille heraus erscheint alles transparenter, wie ein Vorhang oder ein Schleier, der sich hebt. Der körperliche Druck wird mit der Zeit verschwinden, wenn sich im Innen eine endlose Weite öffnet und Einfluss auf das physische Wohlbefinden nimmt. Diese Tiefenentspannung hilft, Ängste und Unstimmigkeiten abzubauen und Leichtigkeit wird sich mehr und mehr integrieren. Die Welt im Aussen wird sich mit der Zeit anders präsentieren. Farben und Düfte werden intensiver. Die Welt scheint in gewissen Momenten still zu stehen. Das Gefühl von Zeit wird verlangsamt, beschleunigt oder es scheint, dass sie sich dehnen lässt. Deine Gedanken werden klar und du wirst die Lehren dieser Welt in diesem Zustand der Ruhe mit einem erweiterten Bewusstsein verstehen. Der natürliche Fluss der eigenen Medialität - der Kommunikation mit dem inneren Lehrer - entwickelt sich. Die innere Welt öffnet ihre Tore und der Mensch erfährt erstmals, was es bedeutet, eine tiefe Liebe und Zufriedenheit zu erfahren. Dabei handelt es sich um einen Zustand, der im physischen Leben nicht erfahren werden kann. Zufriedenheit ist ein Prozess eines inneren Verstehens und ist nie an Bedingungen geknüpft. In dieser Energie verliert alles an Bedeutung, was die Gedanken gestrickt haben. Diese Liebesenergie hat kein Gegenteil und erwartet nichts. Sie ruht in sich, durchdringt alles und hat keinen Anfang und kein Ende. Innerhalb dieser reinsten Schwingungsfrequenzen gibt es kein Universum, keine Planeten, keine Welten, keine Menschen oder Tiere. Ungeschöpftes Bewusstsein in seiner klarsten und liebevollsten Ausprägung. Kein Wort kann auch nur ansatzweise diesen SEIN-Zustand beschreiben. Da Menschen immer nach Definitionen suchen, könnte man diesen Zustand als eine Berührung der Urquelle allen Seins, göttlichen Kontakt, Buddha-Natur oder Brahma bezeichnen, um nur ein paar wenige aufzuzählen. In Wahrheit ist es nur eine Annäherung an einen höheren Bewusstseinszustand. Eine echte Berührung der Göttlichkeit würde die ICH-Präsenz (Mensch in einer physischen Form) mit all seinen aufgeteilten Fraktal-Teilchen (getrennten Aspekten) augenblicklich auflösen; deshalb sprechen wir nur von einer Annäherung. Mit Hilfe eines Fraktals können wir die Projektion in Raum und Zeit besser verstehen lernen.

Ein Fraktal (lat. fractus = in Stücke gebrochene geometrische Form) hat keinen Anfang und kein Ende. Alles ist in Bewegung und nichts steht still. Alles ist Eins und nichts kann getrennt vom Ganzen existieren. Das Individuelle erfährt sich in seiner bestimmten Umgebung und Frequenz. Es erkennt in seiner Position nicht, dass es Teil eines grösseren ist. Es denkt, dass es etwas bewirken kann, doch die Bewegung und das Wirken passiert im grossen Übergeordneten. Das, was wirklich frei ist, ist die Sichtweise, wie man es ansehen will.

Der Mensch ist Teil eines Fraktals.

**Die Form ist Teil eines grösseren Ganzen.
Was sich bewegt, ist sein Geist
und dieser hat nichts mit der Form zu tun.**

Das gesonderte Kleine im ewigen Grossen kann als sichtbare Dualität beschrieben werden. Um die Dualität zu verstehen, muss noch tiefer in das ICH-Bewusstsein eingetaucht werden. Alle Formen, welche in Schwingung und Bewegung sind, unterstehen der Physik über alle Räume und Zeiten gültigen Gesetzmässigkeiten. Hermes Trismegistos hat diese Wirkungen der Hermetik in den hermetischen Lehren umschrieben, welche auch heute nach wie vor ihre Gültigkeit haben. Verschmilzt man die bisher beschriebenen Weisheitslehren mit den hermetischen Gesetzen, entsteht daraus ein neues, übergeordnetes Verständnis über das Leben innerhalb der weltlichen Projektion.

Wenn der Mensch den Zustand der absoluten Ruhe in sich integriert hat, wird er auch all die spirituellen Lichtbrücken verstehen können. Er wird erkennen, welche aus dem Labyrinth der Wiederholungen hinaus- und welche noch tiefer hinein führen.

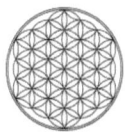

Wahrheit oder Ego

Mit dieser Frage werden sich irgendwann alle Menschen einmal bis in alle Tiefen auseinandersetzen müssen. Der Pfad der Weisheit beginnt immer mit dieser Fragestellung: Was ist Wahrheit und was ist Illusion. Dabei werden gewaltige Wogen im Denken und im Fühlen ausgelöst; ein energetisches Feuerwerk, welches da gezündet wird. Hier gilt es auch immer wieder, diesen Gedankenexplosionen STOPP zu sagen, um innerlich wieder ganz ruhig zu werden. In den Momenten der absoluten Ruhe werden Fragen in die innere Welt des Seins geschickt wie:

- Bin ICH es, das denkt und fühlt oder kommen die Impulse aus einer anderen Ebene?

- Ändert sich etwas, wenn ich meinen wahren Ursprung kennen würde und wenn ja, was?

- Wo liegt die Ursache meiner Zweifel und meiner Ängste?

Wenn Antworten hochkommen, so gilt es diese ganz genau zu prüfen. Sind diese klar und unverrückbar, wenn vielleicht auch (noch) nicht verständlich, so sind diese aus der inneren Wahrheit geschickt worden. Sind die Antworten aber aus

Angst oder Schuld, Opfer oder Täter, geprägt oder unklar und wässerig, so sind diese aus dem Bewusstsein der Unwahrheit - des EGO - entstanden. Die Wahrheit ist still und fast nicht erkennbar, während die Illusion, der Traum oder die Unwahrheit sehr laut und vorherrschend auf den Menschen einwirkt.

Der Mensch jagt dem Phantom der Wahrheit seit Beginn der Evolution hinterher. Er mag sich Wohlfühl-Konzepte für Teile seines Lebens erschaffen haben, die ihn letztendlich aber nie wirklich glücklich machen werden; auch wenn es sich heute vielleicht gerade anders anfühlt. Auch wenn er von ganz wenigen Menschen hört, welche den wahren inneren Frieden gefunden haben, lässt er sich nicht auf dieses Experiment ein, es ebenfalls zu suchen. Es finden sich tausende von Argumenten, wieso der Zeitpunkt JETZT gerade NICHT RICHTIG ist oder es bereits zu spät dafür ist.

Versuchen wir einmal, den Fokus auf eine andere Ebene zu heben. Auch wenn wir sagen, dass diese menschliche Form die bislang höchste Stufe einer Evolution auf dieser Erde nahe kommt, so sollten wir folgende Sätze in uns einwirken lassen:

- Niemand zweifelt daran, dass es einen Schnittpunkt aller Formen des Lebens gibt. Eine Kraft, welche Energie ist und über ein Netz das »Alles was ist« miteinander verbindet.

- Menschsein bedeutet, Trennung zu erfahren. Obschon das Wissen da ist, dass alle gleich sind, wirkt diese Trennung als Individuum so, dass es das bekämpft, was anders ist oder bedrohlich wirkt. Dabei gibt es unterschiedlichste Formen der Bekämpfung, sei es durch Worte, Handlungen oder Ignoranz oder anders gesagt: Leben als Individuum heißt, alles im Aussen anzugreifen, was uns als Gefahr vorkommt.

- Der Mensch handelt und denkt in schwarz/weiss. In einem jeden Augenblick entscheiden die Augen, die Gefühle und die Handlungen nach dem Prinzip von richtig oder falsch (hell oder dunkel; gut oder böse).

- Alles Leben funktioniert nach dem Prinzip von Überleben oder anders gesagt, den Körper zu retten. Das Paradoxon daran ist zu erkennen, wie hier die Menschheit entgegen jeglicher Logik wirkt. Alle wissen, dass der Planet Erde scheinbar die einzige Möglichkeit bietet, zu überleben und trotzdem wirken alle mit, diesen durch ihre Wünsche und Erwartungen zu zerstören.

- Tief im Innersten eines jeden Menschen flackert eine Hoffnung, dass irgendetwas einmal alle »erretten« wird und wenn nicht alle, dann wenigstens ICH selber, weil ICH ja zu den »Guten« gehöre.

Um das Leben und seine Wirkungen über alle physischen Formen und Räume (Dimensionen) zu verstehen, braucht es das Verständnis über den Geist. Der Geist der Einheit, nennen wir es Göttlichkeit, kennt weder Trennung, Unfrieden, Schmerzen, Krankheiten usw. Er ist immerwährender Frieden, Glückseligkeit und Liebe. Der Mensch als Individuum hat diese Gefühle und Emotionen nicht, nur in beschränkter Form oder nur eine kurze Erfahrungsdauer. Zwischen Ganzheit (SEIN) und Menschsein (ICH-Sein) gibt es eine erkennbare Trennung. Was Teil eines Ganzen ist, kann sich nur im Ganzen bewegen und nie getrennt davon sein.

Der Mensch ist und erfährt, was er denkt

Die Erklärung dahinter ist, dass parallel zwei unterschiedliche Bewusstseinsformen ihre Impulse senden. Der göttliche Geist der Einheit und der Geist der Trennung (EGO). Dieses EGO ist die Idee, etwas Individuelles - etwas Besonderes - zu sein. Diese Idee trennt sich als Idee im Geist von seiner Quelle ab, obschon das nicht möglich ist. Somit wirkt diese Idee als ein Traum innerhalb der Wirklichkeit. Oder anders erklärt: das individuelle ICH schläft einen Traum innerhalb einer Wirklichkeit, welche er niemals verlassen hat.

Würde das menschliche Bewusstsein in der göttlichen Wahrnehmung schwingen, gäbe es weder Gefühle noch Emotionen eines individuellen ICH. Die Sinne des Menschen sind so konzipiert, dass auf der visuellen Ebene keine Form einer anderen gleicht. Ebenso wird kein zweiter Mensch sich anfühlen, sich anhören oder riechen wie ein anderer. Dass diese Eigenschaften eine besondere Wirkung haben sollen, gehört zur Magie des EGO, weil sein Fokus auf der Optik der Individualität basiert. So muss eine jede Form individuell und einzigartig sein. Vergleichbar mit einem Kaleidoskop sollen schöne Formen oder Gestalten in den Vordergrund rücken. Eine kleine Bewegung reicht aus, um die Darstellung im Auge des Betrachters zu verändern. Die Gedanken werden aktiviert und behaupten, dieses Bild zuvor noch nie gesehen zu haben. Der Sinn und Zweck dieser optischen Täuschung ist, zu beweisen, dass es keine weitere Wahrheit ausserhalb der menschlichen Sinneswahrnehmung gibt. Würde der Mensch diese Illusion durchschauen, würde das die augenblickliche Auflösung des besonderen ICH's – des EGO's - bedeuten.

**Niemand wird das EGO wegdenken
oder seine Wirkung bekämpfen können.**

Solange sich ein Bewusstsein in einer Form erfährt, wirken die Gesetzmässigkeiten der Illusion.

Es würde keinen Sinn machen, alles als nichtig, unwichtig und illusionär zu bezeichnen. Was im Moment über den Körper im Hier und Jetzt passiert, ist gefühlte und erfahrene Wahrheit; auch im Wissen, dass alles »nur ein Traum« ist. Trotzdem kann man parallel seinen Geist ausrichten und erkennen, dass es zwei verschiedene Wahrnehmungs-Formen gibt: das Göttliche als Quelle allen Seins und das EGO, welches sich über Formen, Trennung, Schuld und Angst ausdrückt.

Um das Konzept der Illusion zu verstehen, muss der Fokus verändert werden. Was bleibt, wenn die Form ausgeblendet wird, ist eine pulsierende, elektrisch geladene Bewusstseinswolke, welche sich ausdehnt und zusammenzieht. Dieses Energiefeld pulsiert in unterschiedlichsten Frequenzen und ändert dabei ihre Farbe, ihre Form, ihren Geruch und ihren Geschmack. Betrachtet man nur die Energien, wirkt das auf seine Art immer noch faszinierend, aber nicht mehr gleich ablenkend wie die Betrachtung über die Formen von Körpern. Das Bedürfnis der Bewertung und Beurteilung fällt zu grossen Teilen in sich zusammen. Diese Energiefelder können elektrisch, magnetisch oder neutral aufeinander reagieren. Durch die Bewegung (Schwingung, Rhythmus) werden diese Energien nie zweimal in die genau gleiche Situation oder Erfahrung kommen. Verschmelzungen passieren, wie beispielsweise verschiedene Gase oder Flüssigkeiten, welche sich durchmischen. Übergeordnet betrachtet, wirkt alles über ganz normale physikalische Gesetzmässigkeiten.

Giesst man diese verschiedensten Frequenz-Energien in Formen und gibt einen Tropfen Bewusstsein dazu, bildet sich die Idee der Einmalig- und Einzigartigkeit. Doch die Grundsubstanzen sind bei allen Formen genau die gleichen und die Besonderheit ist eine projizierte Einbildung des Geistes als Illusion.

Diese Vorstellung gibt eine einfache Möglichkeit, die Besonderheit des Lebens in den Hintergrund zu stellen, um aus den Konflikten von Angst, Schuld, Mangel oder dem Opfer-/Täterdenken heraus zu kommen. Es ist einer von vielen möglichen Wegen, um sich aus den Wiederholungen zu nehmen: durch Wissen, Verstehen und Integration.

Ein Leben ist wie eine jahrelange Fahrt auf einem Karussell. Mit jeder Drehung verändert sich der Hintergrund und unsere Augen scheinen immer wieder etwas Neues zu betrachten oder zu sehen. Fasziniert durch diese Ablenkung achtet sich niemand darauf, dass wir uns nur um uns selber bewegen. Der ursprüngliche Platz wurde nie verlassen. Das einzige, was sich bewegt, sind unsere Gedanken auf der leeren Leinwand der Projektion, welche unseren Lebensfilm darauf projiziert.

Das EGO (das ICH, die Seele) wirkt wie ein grosser Projektor, der einen Film auf die Universum-Leinwand projiziert und lässt Figuren glauben, sie seien in ihrem Film der Wirklichkeit. Ein Film kann nicht verändert werden. Alle Rollen sind definiert und er ist längst abgedreht. Die Leinwand könnte wohl zerstört werden, aber der Projektor wird seinen Film auf eine neue Leinwand (Welt) projizieren. Der Projektor selber (EGO) steht auf einer anderen Ebene und kann nicht abgestellt werden. Das, was bleibt, ist zu erkennen, dass das, was durch das Denken als Wahrheit erkannt wird, nur die Projektionen des EGO sind.

Alle Menschen, welche die letzte Stufe der Erleuchtung oder des Erwachens durchlaufen haben, kommen am Schluss an diesen Erfahrungspunkt. Sie werden diesen Erfahrungszustand in unterschiedlichen Worten oder Bildern beschreiben, aber die letzte Essenz bleibt immer die Gleiche.

**Die Wahrheit liegt hinter
dem Vorhang der Illusion**

Die Entstehung des Traumes / Illusion / EGO

Göttliche Seins-Ebene	
Das Alles, das Nichts, allumfassende / bedingungslose Liebe, Buddha-Natur, Christus-Bewusstsein	
EGO (Traum, Illusion) Gedanken der Trennung, Manifestation des ICH, Geburt der Illusion	**Korrektur** Antwort auf Trennungs-Gedanken: »Trennung ist nicht möglich«
1. Trennung im EGO Spaltung im Geist durch Idee: Angst vor Strafe der Quelle	
2. Trennung im EGO Spaltung im Geist durch Idee: Die Quelle hat uns verlassen (Opfergedanke)	
3. Trennung im EGO Spaltung im Geist durch Idee: Die Quelle wird uns vernichten	
4. Trennung im EGO Spaltung im Geist durch Idee: ICH will BESONDERS sein	

5. Trennung im EGO Spaltung im Geist durch Fragmentierung in unendliche Teilstücke	
Wirkung Entstehung Universum, Mikro- / Makrokosmos, Hermetische Gesetze	**Korrektur** Trennung passierte nur in deinem Geist, Wirkung eines Traumes
Ziel Der wahre Ursprung soll im Raum und der Zeit vergessen gehen	**Korrektur** Raum und Zeit ist nur eine Wirkung eines träumenden Geistes

Die Einheit / göttliche Quelle kennt keine Trennung, keine Angst, keinen Schmerz und hat nichts mit dem Universum zu tun. Alles existiert zwar als Gedanke innerhalb dieser Einheit. Dieser eine Gedanke der Trennung wurde im selben Moment seiner Entstehung durch das göttliche Bewusstsein korrigiert.

Der indische Lehrer **Paramahansa Yogananda** erklärt durch seine Erfahrungen die göttliche Ebene wie folgt:

Jeder Mensch hat zwei Seiten: eine sichtbare und eine unsichtbare. Mit offenen Augen seht ihr die gegenständliche Schöpfung und euch selbst in ihr. Wenn ihr die Augen schliesst, seht ihr nichts als eine dunkle Leere; und doch ist euer Bewusstsein, obgleich es keine sichtbaren Formen mehr wahrnimmt, immer noch wach und rege. In tiefer Meditation könnt ihr das Dunkel hinter den geschlossenen Augen durchdringen und in das Licht schauen, aus dem die ganze Schöpfung hervorgegangen ist. Im tieferen Zustand des [5]Samadhi geht eure Wahrnehmung sogar über die Ebene des Lichts hinaus, und ihr erlebt das unsagbar glückselige Bewusstsein, das jenseits aller Erscheinungen liegt und doch unendlich viel wirklicher, fühlbarer und freudiger ist als alle sinnlichen oder übersinnlichen Wahrnehmungen.

---

[5] Samadhi: Sanskrit samādhi, ‚Versenkung'

Karma

Das Wort Karma bezeichnet ein Glaubenskonzept, dass alle physischen und geistigen Handlungen Folgen haben und auf dem Prinzip von Ursache und Wirkung basiert. Die Wirkungen dieser Handlungen gehen über den physischen Tod hinaus. Nicht aufgelöstes Karma kann in einem späteren Leben korrigiert werden und wird somit die Wiedergeburt einer physischen Form auslösen. Oberstes Ziel ist: kein Karma mehr zu erzeugen.

Der Glaube an Karma ist im Hinduismus, Buddhismus und [6]Jainismus weit verbreitet. Auch viele spirituelle Lehrer im Westen bauen ihre Lehren auf dem Gesetz von Karma auf. Die Lehre des Karma besagt, dass es eine Seele gibt und diese an die karmischen Gesetzmässigkeiten gebunden ist. Nichtwissen oder Begierden wirken sich auf die Sinne und Emotionen aus und trüben die Wahrnehmung im Bewusstsein.

Das Prinzip des Karma setzt somit ein ICH voraus, welches durch Raum und Zeit sein Bewusstsein erfährt und erweitert.

---

[6] Jainismus: Glaube an die zwei Prinzipien des Geistigen (individuelle Seelen) und Ungeistigen (Zeit und Raum, Ruhe und Bewegung, Stofflichkeit)

Dieses besondere ICH würde einem geistigen Gericht unterstehen, welches alle Taten und Gedanken karmisch prüft und beurteilt. Auf die heutige Welt übertragen würde das bedeuten, dass alle im Jetzt lebenden Menschen, Tiere, Pflanzen und Organismen ihr Karma früherer Leben erfahren und versuchen, ihr Bewusstsein zu erweitern. Dabei wird beschrieben, dass Menschen ein höheres Bewusstsein haben als Tiere, welche wiederum höhere Bewusstseinsformen als Pflanzen haben. Das heisst auch, dass Menschen, die Überfluss erfahren, im Jetzt profitieren von guten Taten und Menschen, die Armut und Krankheit erfahren, den Ausgleich negativer Taten früherer Leben spüren.

Funktioniert so allumfassende, göttliche Liebe?
Spüre tief in dich hinein und frage dich,
ob das Wahrheit oder Täuschung ist.

Die Antwort wird lauten: Es ist sowohl als auch und weder noch. Das Bewusstsein des Menschen bestimmt die Aussage, die sich als richtig anfühlen wird. Ein Mensch, der das Wissen des Lebens verstanden und integriert hat, wird eine andere Wahrheit darin erkennen als ein Mensch, der seinen Fokus nur in die äussere Welt gerichtet hat. Somit gibt es weder ein richtig noch ein falsch. Verstehst du nun, dass es nie möglich sein wird, dass Menschen sich verstehen und vom Gleichen sprechen können? Wenn zwei Menschen ein Thema verstanden und integriert haben, werden sie nicht mehr darüber sprechen. Somit sind alle Gespräche immer nur ein Ausdruck eines Konfliktes. Und der Mensch liebt Konflikte, denn er liebt es zu sprechen und sein ICH und seine Konflikte zum Ausdruck zu bringen.

Eine Luftblase unter Wasser ist nur solange besonders, bis sie platzt.

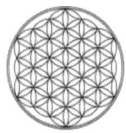

Alles hängt an deinen Wünschen

Jeder Wunsch trübt den Geist so auf, dass keine Klarheit einkehren kann. Es ist vergleichbar wie Sand und Wasser in einer Flasche. Ein Wunsch schüttelt die Flasche, so dass das klare Wasser und der Sand durchmischt und getrübt werden. Es ist nicht möglich, Klarheit durch die Flasche zu erkennen.

Doch bevor in ein Bewusstsein Ruhe einkehren kann, müssen die letzten Wünsche ausgelebt werden. Es ist nicht möglich, diesen Prozess zu überspringen. Alle weltlichen Konzepte bauen auf der magischen Kraft der Wünsche auf. Bereits die ersten Gedanken des Tages sind auf Wünsche gebaut wie sich an Träume erinnern, noch liegen zu bleiben, einen guten Tag zu durchleben u.v.m. Es benötigt viel Training, seine Gedanken so achtsam zu beobachten, um auch die kleinsten Wünsche darin zu erkennen. Kaum ein Wunsch wird sich genau so erfüllen, wie er in den eigenen Gedanken geformt worden ist. Sofort erfolgt eine Korrektur und startet eine Verkettung von weiteren Anpassungen. Mit einer jeden Korrektur wirbelt alles wieder neu auf. Solange das EGO noch stark im menschlichen Bewusstsein regiert, wird der Verstand urteilen und sich verängstigt durch die Welten jagen lassen.

Die folgende Geschichte soll verdeutlichen, wie der Verstand urteilt und trennt:

Ein König wollte ewiges Leben. Er suchte in seinem Königreich nach jemandem, der ihn unsterblich machen könnte. Schliesslich fand man einen weisen Mann, der behauptete, einen Trunk der Unsterblichkeit zu besitzen. Wer diesen zu sich nimmt, wird niemals sterben. Allerdings gibt es dazu Bedingungen. Man müsse diesen Trunk zweimal täglich einnehmen und dürfe dabei niemals an einen Affen denken.

Jeder Mensch weiss, dass es unmöglich ist, an etwas NICHT zu denken, das man aus seinen Gedanken ausschliessen soll. Erst ab dem Moment, wo es wirklich keine Bedeutung mehr hat, erlischt die Erinnerung und somit auch das Ziel, es weiter zu verfolgen.

Jeder Wunsch entsteht durch eine Verkettung von Gedanken, die in sich von Angst geprägt sind. Die Angst dahinter wird nur bei grosser Achtsamkeit erkannt und ist grundsätzlich aus dem Bewusstsein ausgeblendet. Erst bei genauer Betrachtung von alltäglichen Situationen erkennt man die verschiedenen Formen der Angst.

Beispiele:

- Mit dem Erwachen und Aufstehen geht der Blick auf die Uhrzeit. Die Angst dahinter kann sein, zu wenig Zeit für sich oder verschlafen zu haben.
- Menschen begrüssen sich oft mit «Guten Morgen». Die Angst dahinter ist die Idee und die Wirkung von schlechten Tagen.
- Beim Essen wünscht man sich gegenseitig einen guten Appetit. Kein Appetit zu haben fördert die Angst, dass etwas nicht in Ordnung ist.
- In der Schule oder im Job wünschen sich alle gutes Gelingen. Dahinter ist die Angst, zu versagen.
- Bei einer Reise stehen sich Glückgefühle und Angst gegenüber. Die Freude, einen anderen Ort besuchen zu dürfen und die Angst, dass hoffentlich nichts passiert und niemand krank wird.

Angst ist nur in unseren Gedanken eine Realität. Der Mensch ist Opfer und Täter seiner eigenen Ängste. Gedanken sind Energien und ändern sich innerhalb des Universums nie. Sie waren mit dem Augenblick der Schöpfung (der Trennung im Geiste) allumfassend da. Es ist nicht möglich, neue Gedanken oder Ängste zu schöpfen. Auch diese waren seit Ewigkeiten aktiv oder inaktiv immer schon vorhanden. Das, was der Mensch als SEINE Gedanken oder Erfindungen bezeichnet, sind längst erschaffene Ideen und Formen innerhalb des Projektionsfilmes. Wie kann so jemand ein Patent für etwas besitzen, das SEINE Erfindung ist? Nun, das gehört zu dieser Welt und will bestätigen, dass es besondere ICH's gibt, welche besondere Objekte erschaffen. Die Illusion bestätigt die Illusion durch die Bewahrheitung von Subjekte (Menschen) und Objekt (Dinge und Situationen).

Doch wie kommen wir aus diesem Rad der Wiederholung heraus, welches uns über die Wünsche und das Denken festhält? Die einzige Lösung heißt wiederum: Integration der Gedankenruhe. Dieser Prozess erfolgt Schritt für Schritt und kann nicht erzwungen oder im Kampf gewonnen werden. Es gibt viele Möglichkeiten, seine Gedanken in eine Ruhe zu bringen. Die Hilfsmittel, wie diese Gedankenruhe hergestellt wird, spielt dabei keine Rolle. Das kann Meditation, Yoga , Autogenes Training, Qi Gong, Tai Chi usw. sein. Jahrelanges und tägliches Training ist nötig, um den wilden Geist der Gedanken zu beruhigen. Hin und wieder zu meditieren oder Übungen zu machen ist, wie zu versuchen einen Waldbrand mit einzelnen Wassertropfen zu löschen.

Ein ruhender Geist wird Wissen anders verstehen. Was vielleicht vorher klar war, erfährt jetzt eine ganz neue Optik und ein verändertes Verständnis. Es ist vergleichbar mit einem falsch zusammengesetzten Puzzle-Bild, welches neu zusammengefügt werden muss. Was vorher als Wissen im Kopf war, wird jetzt durch den Verstehens-Prozess abgelöst. Über alle Prozesse hinweg wird das EGO immer wieder versuchen, von dieser inneren Suche abzulenken. Die Desillusionierung des EGO bedeutet seinen Tod. Mit der Ernsthaftigkeit, diese innere Ruhe immer wieder zu trainieren, wird die Ablenkung gestoppt.

Dein freier Wille geschehe... nicht

Die Idee des freien Willens wird allen irgendwann begegnen. Die einen werden dem mehr, die anderen weniger Bedeutung schenken. Doch alle werden sich ihr persönliches Urteil darüber machen, ob das der Wahrheit oder der Unwahrheit entspricht. Innerhalb der physischen Form denkt ein jeder Mensch, frei handeln und denken zu können. Es ist das ICH, das entscheidet, wann der Wecker gestellt wird. Es ist das ICH, das entscheidet, welche Schule oder welcher Arbeit nachgegangen wird. Es ist das ICH, welches entscheidet, was es essen oder trinken möchte. Es ist das ICH, welches entscheidet, mit welchen Menschen es Zusammensein möchte und es ist das ICH, welches entscheidet, wofür es sich interessiert und seine Zeit damit beschäftigen will.

Der freie Wille ist verbunden mit einem Gefühl, dass ein freies Handeln und Entscheiden möglich ist. Es ist diese Besonderheit, welches ein friedvolles Gefühl in den Geist legt. Der Mensch wird in seiner Bewusstwerdung bis zuletzt an seinen freien Willen glauben. Es ist der letzte Strohhalm zum

Festhalten, wenn das Konzept vom Sinn des Lebens erschüttert wird.

> [7]Kein Mensch kann entscheiden,
> ob er geboren wird oder nicht.
> Kein Mensch kann entscheiden,
> mit welchen Genen er ausgestattet wird und
> kein Mensch kann entscheiden, wann er den
> physischen Körper verlassen muss.

Der getrübte Geist verblendet die Sicht auf die Wahrheit. Wenn der freie Wille Wirklichkeit wäre, wieso würde der Mensch sich freiwillig in Krankheiten und Ängste begeben und in Kriege für andere ziehen, um sein Leben dafür zu geben? Karma? - Vergiss es.

Der freie Wille ist IMMER der Wille von etwas anderem. Es beginnt gleich bei der Geburt, wo der Wille eines verirrten Traumgeistes entscheidet, ob ein Kind gesund oder krank ist. Was nicht in ein genormtes Schema passt, wird als Abweichung zur Norm bezeichnet. Kein ICH erklärt freiwillig, nicht normal zu sein. Eltern entscheiden aus ihren Glauben

---

[7] Zitat von Ramesh S. Balsekar (indischer Weisheitslehrer)

und ihren Erfahrungen, wie eine Erziehung richtig sein soll. Oft sind es auch Korrekturversuche ihrer eigenen Dramen oder Leidensgeschichten, damit es ihr Kind »besser« hat. Es ist nicht der Wille eines Kindes, welcher hier frei entscheiden darf. Das Schulsystem manipuliert den Geist weiter und diktiert nach ihren Landesrichtlinien, was wichtig oder unwichtig ist. Jeder Mensch, der sich zurück erinnert weiss, dass 90% aller Lehren nie mehr benötigt werden. Alle Systeme erklären, wie wichtig es ist, ein gutes Grundwissen zu besitzen. Wäre ein Schulunterricht über Liebe, Menschlichkeit und Toleranz keine gute Grundlage? Wäre, doch das ist nicht das Ziel des EGO, hier ein globales Umdenken voranzutreiben. Um über etwas sprechen zu können, benötigt man Erfahrung und vor allem auch eine globale Sprache.

Unzählige weitere Beispiele im Bereich Job, Politik, Familie oder Interessengemeinschaften zeigen die gleichen Muster auf. Das Leben will sich individuell zum Ausdruck bringen. Jeder Mensch läuft wie ein eigener Computer. Seine Glaubenskonzepte sind seine installierten Softwareprogramme. Er vernetzt sich in kleineren Gruppen, unterbricht aber sofort die Verbindungen, sobald er sich in seiner Existenz oder Besonderheit gefährdet sieht. Sobald er sich öffnet, wird er für viele sicht- und somit auch angreifbar. Auch ein Computer und ein Netzwerk können niemals anders funktionieren, als der Mensch in seiner Form und Ausdrucksweise. Er kann sich aber schützen wie er will, das Übergeordnete kennt alle seine Bewegungen. Dieses Andere wird immer versuchen, diese besonderen ICH's in eine bestimmte Richtung zu lenken und zu manipulieren.

So ist es auch aus der Sicht der Stofflichkeit. Das besondere ICH als Mensch denkt, er sei frei und kann entscheiden. Er wird immer ein Fraktal eines übergeordneten Ganzen sein. Ein Konzept einer Erfahrungsebene, welche ihren Ursprung nicht auf dieser Leinwand Erde hat. Dieses Etwas hat viele Namen: EGO, Seele, Höheres Selbst. Dieses EGO ist der Schöpfer aller Materie; aller Formen. Dieses EGO sagt: ICH bin dein Schöpfer. Glaube an deine Form, denn du siehst und fühlst, dass dies Wahrheit ist.

Hier wird der Mensch rebellieren und sagen: Nein - das kann nicht die Wahrheit sein und Ärger und Groll kommt in seinem Geist hoch. Und doch steht da immer diese Angst, welche sich an seinen wahren Ursprung erinnert. Da ist dieses Gefühl, dieser innere Ruf, die den Menschen immer wieder auf seine innere Reise schickt und sagt:

Suche die Wahrheit in deinem Innern.
Nichts ist, wie es scheint zu sein.
Der Schein trügt über dein wahres Sein.

Die grössten Stolpersteine

Je mehr ein Mensch über das Wissen hinter dem Leben weiss und versteht, umso grösser werden die Stolpersteine. Anfangs scheint der Weg der Erkenntnis einfach und spannend zu sein. Das Wissen über die Geistigkeit (Spiritualität) scheint ungeahnte Türen und Tore zu öffnen. Das besondere ICH wird mehr und mehr aufgebaut zum »Schöpfer seiner eigenen Welt«. Alles scheint plötzlich möglich zu werden. Menschen glauben, die Erleuchtung und damit das Wissen der Wahrheit erfahren zu haben und ziehen andere Menschen mit dieser Aussage magisch an. Diese glauben ihnen blind und merken nicht, dass das EGO hier am manipulieren ist.

> **Der grösste Stolperstein ist immer das eigene ICH, welches denkt, es sei der Akteur seines Lebens.**

Ablenkung bestimmt das Leben. Statt nach Antworten zu suchen werden Menschen wie von einer unsichtbaren Kraft getrieben. Niemand kennt den Ursprung dieser Kraft und niemand ihr Ziel. Beherrscht wird diese unsichtbare Kraft von der Zeit. Und diese innere Uhr weckt unendliche Gedanken und löst tausende von Wünschen aus. Teile davon können erfüllt werden; die meisten bleiben als nichtrealisierte Träume irgendwo in Raum und Zeit stehen. Träume widerspiegeln die eigenen Lebensthemen, wobei das »normale« Leben sich wie ein Film und der Traum oft in Form von Symbolbildern präsentiert. Der Mensch ist von beiden Wirklichkeiten fasziniert oder beängstigt, aber überzeugt, dass all das Erblickte und Geformte der Wahrheit entsprechen muss. Diese Richtigkeit wird durch Emotionen und Gefühle in einem jeden Moment bestätigt. Vieles nimmt der Mensch als gegeben einfach an. Würde er einen Moment innehalten und das Denken durch Stille ersetzen, kämen neben ganz neuen Fragen auch unendlich viele Antworten aus sich selber heraus. Es scheint, als würde parallel zu der bekannten Welt sich eine noch unbekannte Welt öffnen. Und dem ist wirklich so. Das Bewusstsein scheint sich zu erweiterten, doch dieses war immer offen, wurde nur nicht beachtet. Situationen werden durch eine neue Betrachtungsweise in einer veränderten Form dargestellt und die im Hintergrund laufenden Programme erscheinen in einem anderen Licht. Es scheint, als ob ein uns bekannter Film durch einen neuen ersetzt wird. Die Handlungen und Szenen sind immer noch die gleichen. Der Hintergrund ändert, aber die Themen der Welt sind immer noch die selben.

Wer hat sich nicht schon die Frage gestellt, ob es überhaupt möglich ist, das Leben zu verstehen? Vermutlich alle. Mit Bestimmtheit kommen alle einmal an genau diesen Punkt, wo der Sinn des Lebens ein Thema der Gedanken oder Gespräche sein wird. Vielleicht werden hier viele schon sagen: Stopp – alles schon gehabt. Der Sinn ist das Leben selbst, die persönliche Verwirklichung, Familie, ein guter Job und genügend Geld, um sich schöne Dinge kaufen zu können. Und was ist mit jenen, die sich das nicht erfüllen können oder mit einer Krankheit oder einer Behinderung solche Wünsche nicht realisierbar sind? Pech gehabt, ein schlechtes Los gezogen oder die Folge von schlechtem Karma? Da ist es wieder, dieses Karma oder dieses Schicksal. Der Mensch bildet sich rasch eine Meinung und das Thema scheint vergessen zu sein. Einiges scheint kaum verdaubar zu sein und anderes geht am einen Ort rein und an einem anderen Ort wieder raus. Wir laden dich ein auf eine Reise, welche keinen Anfang, kein Ende und keine Bedeutung hat. Eine Reise ins Nichts, welches das Alles ist. Für diese Reise benötigst du kein Gepäck und keine Impfungen. Kosten wird es dich Zeit, Geduld und die Ernsthaftigkeit, Neuem in dir Raum zum Wirken zu geben. Es ist eine Reise vom SEIN zum ICH über das ICH BIN zurück zum SEIN.

Während dieser Reise gilt es, seine Gefühle und Emotionen

zu beobachten. Je nach Frequenz, in der das eigene Bewusstsein mitschwingt, werden die Reaktionen entsprechend unterschiedlich ausfallen. Betrachten wir zuerst die verschiedenen Bewusstseins-Muster in ihren Ausprägungen. Je höher ein Bewusstsein schwingt, umso weniger geht ein Mensch in die Resonanz von Situationen. Er erkennt die übergeordneten Themen und überwindet somit Schritt für Schritt die hermetischen Gesetzmässigkeiten.

Das Paradoxon daran ist, dass die Wahrheit nur über die Lehre des Geistes gefunden werden kann. Auf der einen Seite nimmt diese Lehre den Menschen gefangen und auf der anderen Seite kann er sich über dieses Wissen durch die Erkenntnis befreien. Entscheidend für die Richtungsänderung ist der Moment des Loslassens. Alle grossen Lehrer werden die Schüler unbemerkt in individuelle Prozesse führen. Manchmal fühlen diese sich sanft und liebevoll an, oft aber lösen diese auch Stürme von Zweifel, Angst und Schuld aus. Diese Lehrer sehen, in welcher Ecke des Lebenslabyrinthes die einzelnen ICH's feststecken und helfen unbemerkt und immer liebevoll, ihnen den Weg hinaus zu zeigen. Nicht selten lösen diese Prozesse auch Zorn aus, weil dieses ICH in den Gedanken behauptet, nicht verstanden oder ignoriert zu werden. Betrachte vor allem deine grössten Gegenspieler als deine liebevollsten Begleiter. Diese zeigen dir nur auf, wo in dir selber noch Unfrieden am wirken ist.

Es mag sich gut anfühlen und spürbar wirken, wenn der Mensch sich mit Heilsteinen befasst. Vielleicht würden manche jetzt die Tarot-Karten befragen und diese mögen eine Situation im Jetzt wahrscheinlich auch aufzeigen. Oder andere wünschen sich, die Aura anderer Menschen und Tiere zu sehen und über die Ausbildung der eigenen Medialität mit Verstorbenen oder geistigen Wesenheiten zu kommunizieren. Die Fragen, die sich hier immer stellen sollten, sind:

- Und jetzt? Was mache ICH jetzt mit diesem Wissen oder diesen Aussagen?
- Glaube ICH, dass ich damit am Ziel meiner Reise angekommen bin?
- Wie prüfe ICH, ob diese Wissens-Themen und Aussagen der Wahrheit oder der Illusion oder der Manipulation entsprungen sind?

Wissen ohne zu verstehen bringt niemanden weiter. Doch fast 99% der spirituell Suchenden verharren in diesem Zustand des »sich gut Fühlens«. Es ist, als ob der Mensch einen Schritt vor dem Brunnen innehält und sich dann entscheidet zu verdursten. Würde hier auch nur im Ansatz verstanden, dass es letztendlich nur das grosse EGO ist, das den Weg des Erwachens unterbricht, wäre die Ernsthaftigkeit für die Ausrichtung seines Geistes hin zur Wahrheit vermutlich grösser.

Der Mensch ist nie Entscheider seiner Erfahrungen. Er entscheidet lediglich die Ausrichtung seines Geistes hin zur Wahrheit (Göttlichkeit) oder zur Unwahrheit (Illusion, EGO).
Es ist die Ausrichtung, welche letztendlich die Erfahrungen verändern.

Die Stufen des ICH-Bewusstseins

Auf allen Frequenzebenen dient der physische Körper als ein Klangkörper, welcher Gedanken, Emotionen und Gefühle als Klang zum Ausdruck bringt. Der Körper als Form ist neutral. Es ist das Bewusstsein, welches die Töne über einen Körper durch Schwingung zum Klingen bringt. Jede Erkenntnis, jede neue Ausrichtung, jede Überwindung einer Wiederholung, bringt einen Körper in eine andere Klanglage. Höhere Schwingungen neutralisieren tiefere Schwingungen und wirken so auf das Gefühl des inneren Friedens ein.

Der Geist der Gedanken wirkt wie Nebel auf das reine Bewusstsein ein und vernebelt oder verwässert seine Klarheit. Viele Lehren sprechen davon, dass ein Bewusstsein geschult werden muss. Bewusstsein ist immer rein und vollkommen. Es ist der Geist der Gedanken, der in die Gedankenruhe hin geschult werden muss und nicht das Bewusstsein.

Dieses zeigt sich in folgenden, nicht abschliessenden Abstufungen vom ICH- zum ICH BIN-Bewusstsein:

- Kampf des ICH gegen alles, was bedrohlich wirkt. Es wirkt nach dem Prinzip, dass nur das Stärkste überleben kann.
- Das ICH lässt sich manipulieren oder manipuliert andere. Es ist gefangen im Prozess des Opfer oder Täter-Sein's. Diese Erfahrungsebene versucht in allen Formen und Facetten das ICH dahin zu schulen, dass es «besonders» ist. Als Opfer sucht der Mensch die Aufmerksamkeit durch Mitleid auszulösen.
- Entwicklung und Bewusstwerdung des freien Willens. Dahinter stärkt das EGO die Idee der Besonderheit damit das Individuum die Möglichkeit hat, selbst Schöpfer zu sein. Um diese Idee besonders eindrucksvoll wirken zu lassen, wird das EGO helfen, diese Wünsche wirkungsvoll als Magie lebendig erscheinen zu lassen. Dahinter wirkt die Illusion wie bei einem Zauberkünstler und ist so aufgebaut, dass nur die Sinne getäuscht werden.

- Aufbau der besonderen Individualität durch Wissensaufbau in der Spiritualität. Das ICH fühlt sich erstarkt und denkt, es kann Welten bewegen. Es ist die Krönung der Besonderheit, weil dem Menschen eine Türe geöffnet

wird, mehr als andere zu wissen um dadurch noch mehr in den Mittelpunkt rücken kann.
- Höhepunkt des ICH, weil es denkt, es kennt alles Wissen des Geistigen auf der Welt.
- Erkenntnis des ICH, dass der grösste Teil der Spiritualität der Illusion unterworfen ist.
- Erkenntnis, dass es keine Themen auf der Erde gibt, welche nicht der Angst und der Schuld unterworfen sind.
- Erkenntnis, dass zwei Bewusstseins-Ebenen über den Geist auf den Menschen einwirken. Das ICH als Individuum wird hinterfragt.
- Desillusionierung der Welt und ihre Themen. Aufgabe des ICH hin zum ICH BIN in Teilschritten.
- Verstehen und Integration des ICH BIN-Bewusstseins im täglichen Leben. Das Leben im JETZT mit der Desillusionierung von Raum und Zeit.
- Erwachen aus dem Traum innerhalb der Quelle. Erkenntnis, dass die Schöpfung nie verlassen wurde und alles was war oder jemals sein wird, nur als Gedanken gewirkt haben.
- Eingehen als Erwachte innerhalb der Quelle. Es gibt nichts, was zurückbleibt und nichts, was eine Erinnerung an irgendwelche Erfahrungen zurücklässt.
- Vom ICH zum ICH BIN zurück in das SEIN.

Nach der Desillusionierung des ICH-Bewusstseins fallen viele Lehren in sich zusammen. Was verstanden geglaubt war, muss neu geordnet werden. Ein Prozess, wo viele Suchende in sich zusammenbrechen, weil die ganze Besonderheit wie ein Kartenhaus zusammenfällt. Wer an seinem Glauben festhält, wird die Wunder der göttlichen Quelle oder Buddha-Natur erfahren. Es ist die bis dahin nicht bekannte, bedingungslose Liebe, welche hilft, die Illusion (Maya) als projiziertes Hologramm zu enttarnen. Die erfahrenen Lehren werden neu verstanden und über Integrationsprozesse neu ausgerichtet. Diese Bewusstseinsstufen kann man als Einleuchtungen umschreiben. Der Geist wird durch die Neuausrichtung von Illusion auf Wahrheit durchstrahlt. Angst und Schuldthemen verlieren ihre Wirkung und werden transformiert. Alles Anhaftende wird losgelassen und die Idee der Besonderheit wird fallen gelassen. Falsche Propheten werden durchschaut und verlieren ihren Glanz. Was bleiben wird, ist tiefer Frieden und Glückseligkeit innerhalb der physischen Form. Dieser Prozess kann als Erleuchtung bezeichnet werden. Die höchste Form der Erfahrung in einem physischen Körper.

In einem letzten Prozess erwacht das Bewusstsein in der Göttlichkeit. Was bleibt ist Nichts. Es gibt keine Erinnerungen an einen Traum, an eine Illusion, an eine Welt oder irgendwelche Formen. Immerwährende Glückseligkeit und bedingungslose Liebe im SEIN.

Frieden und Zufriedenheit integrieren

Weiterlesen bringt nur etwas, wenn dein oberstes Ziel die Desillusionierung des EGO ist. Bist du dir sicher, dass du das wirklich möchtest? Ist es nicht eher die Neugier, um anschliessend das Geschriebene zu bewerten, dass es Wahrheit oder Unwahrheit ist? Bedenke, das, was du hier bislang gelesen hast, ist die Essenz vieler Weisheitslehren über alle Zeitepochen. In jeder Zeit auf eine neuere Art beschrieben und dennoch in seiner Tiefe immer am gleichen Faden aufgehängt.

Es benötigt nicht viel, um Frieden und Zufriedenheit in sich zu erlangen.

**Erleuchtung kann nicht erarbeitet werden.
Es ist etwas, das plötzlich da ist.**

1. Praktiziere irgendeine Form, um in den Zustand absoluter Gedankenruhe zu kommen (Meditation, Yoga, Qi Gong usw.)

2. Erkenne, dass alle Menschen und alle Situationen nur Projektionen des ICH sind, um mich in allen möglichen Emotionen zu bestätigen, dass ich Opfer oder Täter, gut oder böse, bin.

3. Werde dir in dieser tiefen Ruhe bewusst, dass nichts eine Bedeutung hat. Weder Familie, noch Job, noch ICH selber. Alles, was ich versuche besonders zu machen, entsteht nur in meinen Gedanken als ein Traum. Sei dir das in jedem Moment immer wieder bewusst.

4. Dein Körper hat nur die Bedeutung der Ablenkung. Jegliche Identifikation bindet an die Idee von Angst und/oder Schuld.

5. Es gibt keinen Unterschied zwischen dem Wach-Sein und dem Schlafen. Beide Welten zeigen nur die Ablenkung von der Wahrheit und sollen bestätigen, dass die Sinne und Emotionen wahr sind.

6. Erkenne, dass alle Lehren, welche sich um Formen (grob- oder feinstofflich) handeln, nicht die Wahrheit der Einheit zeigen. Diese Lehren können sehr wohl helfen, die Welt als Ganzes zu erkennen. Doch lasse diese los, sobald es dir bewusst geworden ist.

7. Finde deinen Lehrer, der dich auf den letzten Stufen begleitet. Auch wenn diese mal hart ins Gericht mit dir

gehen - es wird dir dienen. Gute Lehrer sind nicht immer sanft.

8. Stelle dir vor: Vor dir öffnet sich ein Tor. Du weisst, ein Durchschreiten bringt das Erwachen aus dem Traum. Es gäbe kein ICH, keine Familie, keine Kinder, kein Job usw. mehr. Alles würde augenblicklich aufgelöst. Würdest du hindurch schreiten? Wenn nein, wovor hast du Angst?

9. Prüfe in täglicher Achtsamkeit, wo du dein besonderes ICH wieder bestätigt hast oder Ablenkungen nachgegangen bist.

Es bedarf einen sehr grossen Willen, sein Ziel in einem jeden Moment nicht aus den Augen zu verlieren. Gerade in der westlichen Kultur, wo die Ablenkungen noch gross sind, ist dieser Weg steinig und steil. Auch im Wissen, dass nur ganz wenige mit ihrer ganzen Ernsthaftigkeit daran bleiben, so ist es doch zu schaffen. Es gibt kein Gewinnen oder kein Verlieren. Es entscheidet sich nur, ob ein weiterer Teil des Traumes in das Erwachen geführt werden kann oder weiterschläft. Wenn das ICH darin keinen Nutzen sieht, wird es aufhören weiter an sich zu arbeiten, weil dieses ICH vergessen hat, was sein wahrer Ursprung ist und was Einheit und ewige Liebe bedeutet.

Auch nach der Erleuchtung bleibt der Körper bestehen. Was sich ändert, ist der Zustand.

> **Wer sich anstrengt, Demut zu zeigen,
> zeigt seine Überheblichkeit
> durch das blosse Bemühen.**

[8]Für die Erwachten stellt sich die Frage nach einer Wahl nicht. Der Weise weiss, dass er nichts entscheiden kann. Er lebt intuitiv und fragt auch nicht, ob das, was durch ihn getan wird, richtig oder falsch ist. Oft werden sie von Mitmenschen als rücksichtslos oder gefühlsarm bezeichnet. Doch in Wahrheit ist einfach kein Individuum vorhanden, das auf Gefühle anderer Rücksicht nehmen könnte.

---

[8] Zitat von Ramesh S. Balsekar

Geschichte: Geheimnis der Zufriedenheit

Ein paar Suchende kamen zu einem alten Zen-Meister.

Herr«, fragten sie »was tust du, um glücklich und zufrieden zu sein? Wir wären auch gerne so glücklich wie du.«

Der Alte antwortete mit mildem Lächeln: »Wenn ich liege, dann liege ich. Wenn ich aufstehe, dann stehe ich auf. Wenn ich gehe, dann gehe ich und wenn ich esse, dann esse ich.«

Die Fragenden schauten etwas betreten in die Runde. Einer platzte heraus: »Bitte, treibe keinen Spott mit uns. Was du sagst, tun wir auch. Wir schlafen, essen und gehen. Aber wir sind nicht glücklich. Was ist also dein Geheimnis?«

Es kam die gleiche Antwort: »Wenn ich liege, dann liege ich. Wenn ich aufstehe, dann stehe ich auf. Wenn ich gehe, dann gehe ist und wenn ich esse, dann esse ich.«

Die Unruhe und den Unmut der Suchenden spürend, fügte der Meister nach einer Weile hinzu: »Sicher liegt auch Ihr und Ihr geht auch und Ihr esst. Aber während Ihr liegt, denkt Ihr schon ans Aufstehen. Während Ihr aufsteht, überlegt Ihr wohin Ihr geht und während Ihr geht, fragt Ihr Euch, was Ihr essen werdet. So sind Eure Gedanken ständig woanders und nicht da, wo Ihr gerade seid. In dem Schnittpunkt zwischen

Vergangenheit und Zukunft findet das eigentliche Leben statt. Lasst Euch auf diesen nicht messbaren Augenblick ganz ein und Ihr habt die Chance, wirklich glücklich und zufrieden zu sein.«

(Quelle unbekannt)

Worte der inneren Meditation

Die nachfolgenden Sätze können als Meditation mit in den Tag genommen werden. Sie dienen dazu zu erkennen, wo innerer Frieden eingekehrt ist und wo Worte noch angreifen wollen. Es gibt keine Rangordnung von richtig oder falsch, von Opfer oder Täter, von Schuld oder Unschuld. Die Reihenfolge der Sätze ist zufällig und willkürlich.

- Das ICH will gewinnen, sonst würde es nicht mitspielen.

- Das Gefühl von »Opfer sein« macht das Aussen zur Wahrheit.

- Das EGO kämpft über seine aufgespaltenen Aspekte mit sich selber. Du brauchst nichts gegen das EGO zu tun. Das EGO ohne Aufmerksamkeit ist lediglich Leere.

- Jede Form verbirgt nur einen leeren Inhalt.

- Angriff erfolgt immer aus einem mangelnden Verständnis.

- Der Mensch erkennt keine Leere, nur Probleme. Erst bei einem klaren Geist erkennt er die Probleme als Leere.

- Die schönste Erfahrung eines Menschen ist, dass er andere Menschen mit Recht hassen darf.

- Wenn der Mensch kämpfen will, so darf er das tun, jedoch soll er die Erwartung an das Ergebnis aufgeben.

- Wenn ICH in eine Kirche gehe, um einen magischen Gott anzubeten, so hat das nichts mit Spiritualität zu tun. Nur die Haltung im Geist kann spirituell sein.

- Das EGO lässt sich nie enttarnen, wenn wir nicht in einem jeden Augenblick aufmerksam sind.

- Sieh die Hindernisse an und sei sanft und mild. Keine Situation kann urteilslos sein.

- Schmerz kommt aus dem sich irren. Der Unfriede und die Trauer entstehen im Denken. Frieden ist nur in der Wahrheit zu finden.

- Das ICH vergisst, dass es selber sein Puppenspieler der jetzigen Form ist. Es ist ein Spiel mit sich selber.

- Das ICH als Person kann den Traum nicht verändern. Ein Schatten kann das Schattenwerfende nicht verändern.

- Wenn ICH das Innen nicht verstehe, kann nichts eine Veränderung erfahren. Das Fundament des ICH muss verändert werden.

- Wieso soll ein Körper sterben, wenn dieser nie gelebt hat? Erkenne die Wahnidee dahinter.

- Das ICH muss über die Person hinaussehen.

- Das EGO ist eine ursachlose Ursache.

- Das, woran du dich erinnerst, ist nie gewesen.

- Wir haben Angst zu verstehen, dass das EGO ursachlos ist. Es kann nichts anderes verdienen als Lachen. Nicht das Lachen über die Welt, sondern über die Ursachlosigkeit (das Lächeln des Buddhas).

- Das EGO ist die Waffe - der Widerstand gegen das Licht.

- Mach dir nicht den Weg des anderen zu Eigen und beurteile ihn nicht.

- Das Entrinnen der Welt aus der Verurteilung ist ein Bedürfnis, dass diejenigen, die in der Welt sind, teilen. Dennoch nehmen sie das gemeinsame Bedürfnis nicht wahr.

- Ich muss das Messer in der Hand eines anderen sehen, damit ich nicht erkenne, dass ICH die Rache an mir selber ausführe.

- Der Sinn des Lebens ist, uns und alle anderen aus der Verurteilung zu entlassen.

- Die Mittel sind nur da, um den Zweck zu bestätigen. Wer das erkennt, wird frei sein.

- Es braucht die Projektion, damit die Korrektur erfolgen kann.

- Der Stolperstein in jeder Situation in der Welt ist immer die Form. Was mich irritiert, ist nur der Traum.

- Was ICH in der Welt sehe, dient nur der Verurteilung.

- Schau über die Wirkung hinaus. DAS ist Freiheit.

- Jeder in der Welt ist ein Gewinn für dich selbst. Entlase dich aus deiner Verurteilung.

- Vergiss nicht, dass der Zeuge für die Welt des Bösen für nichts sprechen kann, außer für das, was ein Bedürfnis für das Böse in der Welt gesehen hat.

- Alles Positive in der Welt zerfällt auch wieder. Das EGO schenkt dem nur einen Moment »Waffenstillstand«.

- Was du letztlich erkennen kannst ist nur ein Blick auf das Fundament deines Denksystems (Kriege, Krankheiten, Ereignisse).

- Ich erkenne die Bedeutungslosigkeit hinter einer jeden Form.

- Aus der tiefsten Ruhe erkenne ich nur die Leere. Was darin wandert, ist nur mein durch mich gefangener Geist. Atme und lächle.

Schlussgedanken

Auch wenn es scheint, dass mit all diesen Einleuchtungen das Ende der Erkenntnis der Welt und ihre Spiele durchschaut worden ist, so hören wir nie auf, die Achtsamkeit aufrecht zu halten. Jeder Jubel über einen Triumph ist eine selbst gegrabene Fallgrube. Auch wenn man jahrzehntelang gesucht und sich mit vielen Gelehrten und Meistern ausgesprochen hat, so endet der Weg erst mit dem letzten Atemzug. Es gibt nichts zu gewinnen, aber alles zu verlieren. Wer sein ICH an einen gewünschten Ort innerhalb von Raum und Zeit hin wünscht oder Errettung für sein ICH erwartet, kann nur Schmerz erfahren. Es gibt keinen Ort und keine Dimension, welche nicht aus Angst und Schuld besteht. Das einzige was ändert, ist der eigene Traum und sein Inhalt.

Buddha lächelte, weil ihm das bewusst wurde. Was sich dadurch veränderte, ist seine Zufriedenheit und der Friede in sich und mit der Welt.

Und bleibt am Schluss noch diese winzig kleine Wahnidee, dass es in dieser Welt DIE grosse Liebe geben kann, so verwirf auch das als deinen winzig kleinen Traumgedanken. Er ist entstanden in einer Leere durch Projektion in eine Form. Was ihn aufrecht erhält ist nur dein Gedanke, diesen deinen

Traum auf einer Leinwand festzuhalten. Der Film wird zu Ende gehen und was bleiben wird, ist nichts. Da ist nichts, was sein könnte. Vergebe dir für diese Idee und dein daran festhalten. Es ist wie alles in dieser Welt, nur eine Seifenblase, welche niemals ihre Form halten kann und an der kleinsten Situation in einem Angriff stirbt.

Wir bedanken uns bei all den Menschen, welche als unsere Traumsubjekte unser Verständnis über die Welt gelernt haben. Wir bedanken uns für jede Situation der Freude und des Schmerzes, welche uns gezeigt haben, wie sehr wir der Welt und ihren Formen Glauben geschenkt haben. Wir bedanken uns bei unseren Schülerinnen und Schülern für ihr kritisches Hinterfragen und ihre Hilfe, alles noch besser zu verstehen. Wir bedanken uns bei all unseren Lehrern und Meistern, welche uns durch Lichtwege und Irrwege geführt haben, damit wir lernen durften, unserer eigenen inneren Stimme zu folgen. Wir bedanken uns ganz speziell bei all den Kritikern, welche uns solange herausgefordert haben, dass wir alle Lehren noch einmal kritisch hinterfragen konnten. Es gab viele Lücken, welche durch Unsicherheit noch nicht integriert worden waren. Letztendlich waren es die Angriffe, welche diese Lücken aufgezeigt haben.

In tiefster Verbundenheit für die Wahrheit, welche ausserhalb dieser Ebene des Traumes Zuhause ist, bedanken wir uns beim EGO, welches uns die Chance gegeben hat, unseren eigenen Traum als Leere zu erkennen. Wir vergeben dieser ganzen Illusion und uns selber, für das wir daran geglaubt haben, dass die Welt der Formen unsere Wahrheit ist und übergeben diese Wahnidee zur Korrektur dem geheiligten Geist der Wahrheit.

© Linda Kamer / Daniel Brönnimann
ICH BIN-Schule Bern